| 지은이 | **린다 굿맨** Linda Goodm

1925년 미국의 웨스트버지니아에서 ... 린다 굿맨은 방송인이
자 저널리스트였으며 시인이자 천문해석가였습니다. 린다 굿맨은 제2차 세
계대전 동안 〈린다의 러브레터Love Letters from Linda〉라는 유명한 라디오 프로
그램을 진행하면서 명성을 얻기 시작했습니다. 그 이후 미국의 동부와 남동
부 지역 신문에 기고를 하면서 본격적인 저술 활동을 시작하였고, 흑인 인권
운동가이자 미국도시연맹National Urban League의 회장이었던 휘트니 영Whitney
Young의 연설문을 작성하기도 했습니다. 린다 굿맨이 풍부한 임상 경험과 인간
에 대한 깊은 이해를 바탕으로 집필한『당신의 별자리』는 1968년 출간 이후 공
전의 히트를 기록하였습니다. 천문해석학 분야의 책으로는 처음으로「뉴욕 타
임스」베스트셀러 목록에 오르는 쾌거를 이루었고, 1978년 출간된『사랑의 별
자리Linda Goodman's Love Signs』또한「뉴욕 타임스」베스트셀러 목록에 올랐습니
다. 그녀의 책들은 40여 년이 지난 지금까지 전 세계 독자들의 사랑을 받고
있는 고전이며 베스트셀러입니다. 책 곳곳에는 네 명의 자녀를 둔 어머니로
서 자녀들에게 전해 주고 싶은 아름답고 따뜻한 경험과 지혜가 스며들어 있
습니다. 그녀는 콜로라도 주에 있는 크리플 크리크에서 말년을 보냈으며, 그
녀가 살던 집은 현재 여행자들을 위한 게스트하우스가 되었습니다. 1995년
향년 70세로 생을 마감했습니다.

| 옮긴이 | **이순영**

1970년 강릉에서 태어나고 자랐습니다. 한국외국어대학교 영어과를 졸업한 뒤
여러 기업체에서 해외 업무를 담당했습니다. 2009년 도서출판 북극곰을 설립
하여 환경과 영혼의 치유를 주제로 일련의 책들을 꾸준히 발간하고 있으며, 번
역가로도 왕성하게 활동하고 있습니다. 번역서로는 노베르트 로징의『북극곰』,
마르타 알테스의『안돼!』, 엠마누엘레 베르토시의『나비가 되고 싶어』가 있으
며, 린다 굿맨의『사랑의 별자리』도 곧 아름다운 우리말로 선보일 예정입니다.

당신의 별자리

염소자리

당신의 별자리

염소자리

2012년 12월 21일 초판 1쇄

지은이 린다 굿맨 ‖ **옮긴이** 이순영
펴낸이 이순영 ‖ **편집** 이루리 ‖ **디자인** 오빛나 ‖ **덕담** 최우근 ‖ **박은곳** 한영문화사
펴낸곳 북극곰 ‖ **주소** 서울시 은평구 진관동 은평뉴타운 우물골 239동 1001호
전화 02-359-5220 ‖ **팩스** 02-359-5221
이메일 bookgoodcome@gmail.com ‖ **홈페이지** www.bookgoodcome.com
블로그 http://blog.naver.com/codathepolar ‖ **페이스북** 도서출판 북극곰
ISBN 978-89-97728-28-2 03180   **값** 9,000원

Linda Goodman's Sun Signs

©1968 by Linda Goodman

Korean translation rights arranged with Taplinger Publishing Co., Inc.

Linda Goodman's Sun Signs

전 세계 1억 독자의 마음을 사로잡은 작가 린다 굿맨

열두 별자리 지구인에 대한 가장 따뜻한 심리학

당신의 별자리

염소자리

12. 22 ~ 1. 20

린다 굿맨 지음 | 이순영 옮김

북극곰

진정으로 지인들을 이해했던 쌍둥이자리 마이크 토드를 위하여

그리고 물고기자리 멜리사 앤과의 약속을 지키기 위해

이리하여 이상한 나라가 생겨났네.

이렇게 서서히 하나씩 하나씩

이상한 사건들이 일어나고

이제 하나의 이야기가 만들어졌네.

감사의 말

나의 벗이자 스승인 처녀자리 천문해석가 로이드 코프의 도움과 조언에 깊이 감사드립니다. 로이드의 격려와 신뢰가 없었다면 이 책은 그저 양자리의 여러 꿈 중 하나로만 남아 있었을 것입니다.

★ 열두 별자리 개요

별자리	상징	기간	지배행성	구성 원소	상태
양자리 Aries	♈	3.21~4.20	화성 Mars	불	활동
황소자리 Taurus	♉	4.21~5.21	금성 Venus	흙	유지
쌍둥이자리 Gemini	♊	5.22~6.21	수성 Mercury	공기	변화
게자리 Cancer	♋	6.22~7.23	달 Moon	물	활동
사자자리 Leo	♌	7.24~8.23	태양 Sun	불	유지
처녀자리 Virgo	♍	8.24~9.23	수성 Mercury	흙	변화
천칭자리 Libra	♎	9.24~10.23	금성 Venus	공기	활동
전갈자리 Scorpio	♏	10.24~11.22	명왕성 Pluto	물	유지
사수자리 Sagittarius	♐	11.23~12.21	목성 Jupiter	불	변화
염소자리 Capricorn	♑	12.22~1.20	토성 Saturn	흙	활동
물병자리 Aquarius	♒	1.21~2.19	천왕성 Uranus	공기	유지
물고기자리 Pisces	♓	2.20~3.20	해왕성 Neptune	물	변화

★ 용어 설명

- **천문해석학**astrology : 인간이 태양과 달을 포함한 행성들의 영향을 받는다는 전제 하에 태어나는 시간과 장소에 따른 행성들의 위치에 근거하여 사람의 성격과 삶에 대하여 풀이하는 학문으로, 일명 점성학이라고 알려져 있음.
- **출생차트**natal chart : 태어나는 시간과 장소에서 본 행성들의 위치.
- **충돌 각도**hard aspect : 출생차트의 행성들이 서로 90도나 180도를 이루고 있는 경우.
- **태양별자리**sun signs : 태어난 시간과 장소에서 볼 때 태양이 위치하고 있는 별자리.
- **달별자리**moon signs : 태어난 시간과 장소에서 볼 때 달이 위치하고 있는 별자리.
- **동쪽별자리**ascendant : 태어난 시간과 장소에서 볼 때 동쪽 지평선에 위치하고 있는 별자리.
- **영역**house : 태어난 시간에 태어난 위치에서 보이는 하늘을 12구역으로 나눈 것으로 인생의 다양한 경험 분야를 의미함.
- **경계선**cusps : 각 영역의 시작점.

★ 별자리(태양별자리)란?

'태양별자리'라는 말은 당신이 만약 쌍둥이자리라면 당신이 태어난 시간에 태양이 쌍둥이자리라 불리는 곳에 위치해 있었고, 그 시기는 대략 5월 22일에서 6월 21일 사이라는 것을 의미합니다. 그 기간은 천문해석학 책에 따라 약간씩 다를 수 있습니다. 실제로 태양별자리가 바뀌는 시점은 정해져 있지 않습니다. 자정에 바뀐다고 가정하면 매우 간단한 일이지만 실제로는 그 시간이 하루 중 언제가 될지 알 수 없답니다. 예를 들어, 지난 몇십 년 동안은 양자리가 황소자리로 바뀌는 날은 4월 20일이었습니다. 그러니 4월 20일은 때에 따라 양자리가 될 수도 있고 황소자리가 될 수도 있는 것입니다. 출생차트를 뽑아 보지 않으면 사실은 양자리인 당신이 평생 황소자리라고 잘못 알고 살 수도 있는 것입니다. 어떤 별자리가 시작하는 날이나 끝나는 날에 태어난 사람이라면 정확한 출생 시간과 출생 장소(위도 및 경도)를 알고 있어야만 어떤 별자리인지 정확하게 알 수 있습니다.

※ 이 책에 인용된 시들은 모두 루이스 캐럴의 작품에서 빌어 왔음을 밝혀 둡니다.

　한국어판에서는 비룡소에서 출판한 『이상한 나라의 앨리스』와 『거울나라의 앨리스』를 참조하였습니다.

※ 개인의 출생차트는 윈스타winstar 프로그램이나 http://www.astro.com 등을 이용하여 볼 수 있습니다.

※ 이 책의 각주는 모두 역자가 단 것입니다.

목차

태양별자리를 어떻게 이해할 것인가

오래 전 이야기가 시작되었으니
여름의 태양이 그 빛을 발하고 있을 때
우리가 노 젓는 박자에 맞추어
울려 퍼지던 단아한 종소리

언젠가 당신은 출생차트의 상세한 내용을 알고 싶어질 때가 올 겁니다. 하지만 출생차트를 이해하려면 우선 무엇보다도 태양별자리를 이해해야 합니다. 우리는 잡지나 신문에서 단순히 열두 가지로 분류된 별자리 운세를 흔히 볼 수 있습니다. 그런데 별자리 운세를 읽는 것과 개개인의 태양별자리를 이해하는 것을 혼동하지 않았으면 합니다. 별자리 운세는 대체로 아주 그럴듯한 내용으로 당신의 관심을 끌지는 몰라도 오류가 전혀 없다고 할 수는 없습니다. 당신의 성격과 에너지를 전문적이고도 정확하게 분석하려면 당신이 태어난 정확한 날짜와 시간에 근거한 출생차트가 필요합니다.

하지만 이런 별자리 운세를 '누구에게나 해당하는 뻔하고 일반적인 내용을 모아놓은 잡동사니'로 치부해 버리는 경향도 경계해야 합니다. 이 또한 사실이 아니니까요. 그러한 예언(암시라는 말이 더 적합하겠지만)은 황소자리나 물고기자리 또는 처녀자리에게 각각 적용되는 것이지 열두 별자리 모두에게 마구잡이식으로 적용되는 이야기는 아닙니다. 별자리 운세는 실력 있는 전문가들이 출생차트의 태양별자리를 비롯하여 그 시기에 하늘에서 움직이는 여러 행성들 사이의 각도를 수학적으로 계산하여 작성하므로 어느 정도까지는 예측이 가능합니다. 그러나 중요한 것은 그러한 예측들이 개개인의 출생차트에 있는 태양별자리와 여덟 개의 행성 및 달의 각도를 정확하게 반영하지 않기 때문에 개인별로 완벽하게 맞아떨어지지는 않는다는 것입니다. 이러한 결함을 감안하고 본다면 별자리 운세는 흥미롭고 도움이 될 만한 정보입니다.

태양은 모든 별 중에서도 가장 강력한 별입니다. 태양은 인간의 성격에 지대한 영향력을 미치기 때문에 태양별자리에 대한 해석만으로도 그날 태어난 개인에 대해서 놀라울 정도로 정확하게 설명할 수 있습니다. 태양의 전자기 파장(현재의 연구조사 수준에서는 이렇게밖에 표현할 수 없습니다.)은 우리가 인생을 살아가면서 태양별자리의 기질을 지속적으로 발현해 나갈 수 있도록 해 줍니다. 태양별자리가 인간의 행동과 특징을 분석하는 데 사용하는 유일한 요소는 아니지만, 상당히 중요한 의미를 차지하고 있습니다.

어떤 천문해석가는 태양별자리를 다루는 책들이 민족별·직업별 특징을 무시하고 인간의 특징을 일반화했다고 주장하기도 합니다. 그러한 생각에 대해 이해는 하지만 동의할 수는 없습니다. 물론 태양별자리를 잘못된 태도로 사용한다면 사람들을 호도하기 쉽다는 것은 사실입니다. 하지만 분명한 것은 출생차트 없이 태양별자리를 해석하는 것만으로 탁월하게 인간을 분석하고 본성을 이해할 수 있다는 사실입니다.

개인의 태양별자리는 대략 80퍼센트 정도 정확하며 가끔은 90퍼센트까지도 정확한 경우가 있습니다. 이정도라면 아무것도 모르는 것보다는 훨씬 낫지 않을까요? 물론 나머지 10~20퍼센트도 매우 중요하므로 무시할 수는 없습니다. 하지만 우리가 한 사람의 태양별자리를 안다면 이미 기본적인 정보들을 얻게 되는 것입니다. 태양별자리에 관한 지식을 신중하게 적용한다면 위험성은 전혀 없다고 할 수 있습니다. 우리가 나머지 10~20퍼센트로 인해 잘못된 정보를 얻을 수도 있다는 점을 유념한다면 자신 있게 태양별자리를 해석할 수 있습니다.

그렇다면 태양별자리란 무엇일까요? 태양별자리란 당신이 태어나서 첫 숨을 들이쉬던 그 순간 태양이 있던 특정한 위치, 즉 양자리·황소자리·쌍둥이자리 등을 말합니다. 이는 천문학자들이 계산해 놓은 천문력 ephemeris에 따라 추출해 낸 정확한 위치를 의미합니다. 일러두기에서 밝힌 바와 같이 어떤 태양별자리가 시작하는 날이나 끝나는 날에 태어난 사람의 경우에는 정확한 출생 시간과 출생 장소의 위도 및 경도를 알아야만 어떤 태양별자리에 해당하는지 정확하게 알 수 있습니다. 다시 말해 이 책을 포함하여 모든 천문해석학 책에서 태양별자리가 시작하는 날과 끝나는 날은 대략적인 날짜라는 점을 반드시 기억해 주길 바랍니다. 이 시작하는 날과 끝나는 날을 경계선이라고 하는데, 이 경계선은 다소 혼란스러운 부분이 있습니다. 어떤 천문해석가는 이 기간을 조금 더 길게 보는 경우도 있지만, 어쨌거나 초보자는 헷갈릴 수밖에 없습니다. 그러나 당신이 태어난 날의 태양별자리가 쌍둥이자리라면 아무리 그 날짜가 경계선에 가깝다고 하더라도 쌍둥이자리라고 보아야 합니다. 쌍둥이자리 앞 별자리나 그 다음 별자리의 영향력을 무시할 수는 없지만, 그렇다고 해서 당신을 황소자리나 게자리로 바꿀 정도로 쌍둥이자리의 특성이 가려지지는 않습니다. 특정 별자리에 위치하고 있는 태양의 광채를 약화시킬 수 있는 것은 아무것도 없으며, 경계선상에 태어난 경우 생기는 약간의 변수조차도 태양별자리의 특성을 완전히 바꿀 만큼 강력하지는 않습니다. 당신이 태어난 시간이 경계선에 해당하는지 정확하게 확인하고, 그런 경우라면 약간은 참작하되 그 다음에는 그 사실을 잊어버려도 괜찮습니다.

출생차트란 무엇일까요? 출생차트란 당신이 태어나던 순간에 하늘에 있던 모든 행성들의 위치를 마치 사진을 찍듯이 정확한 수학 계산에 따라 재구성한 지도라고 이해하면 좋습니다. 발광체인 태양과 달을 비롯하여 여덟 개의 행성이 있으며, 당신이 태어나던 순간에 위치한 12개의 별자리와 10개의 별들이 서로 맺고 있는 각도 및 위치가 당신의 삶에 영향을 미치게 됩니다.

예를 들어 당신이 6월 9일에 태어났다면, 태양이 쌍둥이자리에 위치하므로 쌍둥이자리이며 쌍둥이자리 특성 열 가지 중 대략 여덟 가지를 띠게 될 것입니다. 하지만 감정을 주관하는 달이 양자리에 위치한다면 당신의 감정적인 태도는 양자리의 특성이 나타납니다. 지성을 주관하는 수성이 전갈자리에 있다면 당신의 지적 처리 과정은 종종 전갈자리 특성을 나타내며, 언행을 관장하는 화성이 황소자리에 있다면 당신은 황소자리처럼 느리게 말하는 경향이 있을 것입니다. 또한 금성이 염소자리에 있다면 사랑을 비롯한 예술적이고 창조적인 일에서 염소자리와 같은 태도를 보일 것입니다. 그러나 이런 모든 행성들의 위치로 인한 특성도 태양별자리인 쌍둥이자리의 기본적인 특성을 완전히 없앨 수는 없습니다. 다른 행성들의 위치는 당신이 지닌 복잡한 성격에서 나오는 다양한 모습을 다듬어 주는 역할을 할 뿐이랍니다.

당신을 완벽하게 이해하기 위해서는 다른 요소들도 고려해 보아야 합니다. 먼저 당신이 태어난 시간에 여덟 개의 행성과 두 개의 발광체인 태양과 달이 어떤 각도를 맺고 있는지 살펴보아야 합니다. 그 각도에 따라서 해당 별자리의 영향력이 결정됩니다. 하지만 가장 중요한 것은 당신의 동쪽별자리와 동쪽별자리가 태양과 달 그리고 다른 행성들과 맺고 있는 각도입니다. 동쪽별자리는 상승점ascendant 또는 일출점rising이라고도 하는데 당신이 태어난 순간 동쪽 지평선에 있던 별자리를 의미합니다. 동쪽별자리는 신체적인 겉모습에 상당한 영향을 미치고,(물론 태양별자리도 겉모습에 많은 영향을 줍니다.) 태양별자리가 표현하는 지향성의 토대가 되며 당신의 진정한 내면을 구성합니다. 예를 들어 쌍둥이자리인 당신의 동쪽별자리가 물병자리라면 당신은 상당 부분 물병자리 성향을 띠기 때문에, 쌍둥이자리 특성 중에서 당신에게 있을 법한 특이한 성격이나 은밀한 욕망이 잘 드러나지 않는 이유가 궁금해질 것입니다. 모든 출생차트에서 태양별자리 다음으로 중요한 두 가지 요소는 바로 동쪽별자리와 달별자리입니다.

동쪽별자리를 알고 나서 태양별자리와 함께 차트를 해석하면 매우 흥미로운 사실을 깨닫게 됩니다. 바로 자신의 전체적인 성격에 대해 놀라울 정도로 정확하게 설명할 수 있다는 사실입니다. 여기에 세 번째 요소인 달별자리까지 고려해서 해석하면 당신의 성격에 대해 훨씬 더 정교한 그림을 얻게 됩니다.

다음으로 각 영역의 별자리도 고려해야 합니다. 영역은 출생차트에서 수학적으로 계산된 위치로, 당신의 다양한 삶의 분야에 영향을 미칩니다. 모두 열두 개가 있으며 각 영역마다 하나의 별자리가 할당됩니다. 첫 번째 영역은 항상 동쪽별자리의 지배를 받고, 나머지 열한 개는 시계 반대 방향으로 순서대로 위치하면서 열두 별자리를 완성합니다. 천문해석가는 당신이 태어난 정확한 시간과 장소에 근거하여 출생차트를 뽑고, 열두 개 영역에 해당하는 각 별자리들의 의미를 해석하고, 또한 각 영역에 들어가 있는 행성들의 의미를 고려합니다. 앞서 설명한 모든 요소들을 섞어서 당신의 성격, 잠재력, 그리고 과거의 과오와 미래의 가능성을 분석하는 것이 바로 종합적인 천문해석 기술입니다. 이것이 바로 천문해석가들의 시간과 노력 그리고 지식이 필요한 부분입니다. 차트를 계산하는 것 자체는 특정 수학 공식만 적용하면 상대적으로 간단하게 끝나는 일입니다.(최근에는 태어난 날짜, 시간, 장소를 입력하면 간편하게 출생차트를 볼 수 있는 별자리 프로그램이 다양하게 개발되어 있습니다.-역자)

하지만 우리는 결국 이 책에서 주로 다루는 태양별자리 이야기로 돌아갈 수밖에 없습니다. 어떤 면에서는 당신이 쌍둥이자리라고 하는 것은 당신이 뉴욕 출신이라고 말하는 것과 같은 맥락이라고 할 수 있는데 이것이 지나친 일반화는 아니기 때문입니다. 당신의 별자리를 알아내는 일보다 뉴욕 어느 바에서 텍사스 출신을 찾거나 텍사스 어느 식당에서 뉴요커를 찾아내는 일이 더 쉽지 않을까요? 조지 왕조 시대*의 정치가와 시카고 산업

---

* 조지 왕조 시대(Georgian era, 1714~1830) : 조지1세~조지4세가 재위했던 영국의 중기와 후기 르네상스 시대.

시대의 사업가 사이에는 상당한 차이가 있지 않을까요?
당연히 매우 분명한 차이가 있습니다.

당신이 텍사스 출신이며 업무상 회의에 곧 참석할
어떤 사람에 대해 얘기하는 중이라고 가정해 봅시다. 누
군가 "그 사람 뉴요커야."라고 말하면 즉각적으로 어떤
이미지가 떠오를 것입니다. 텍사스 사람보다는 말이 빠
르고 짧을 것이며, 인간 관계에서도 텍사스 사람보다는
덜 따뜻할 것이고, 인사치레 없이 곧바로 사업 이야기로
들어갈 것입니다. 또한 서둘러 계약서에 서명하고 바로
동부로 날아가는 비행기에 몸을 실을지도 모릅니다. 섬
세한 구석이 있을 것이고, 정치적인 면에서는 텍사스 사
람보다 더 자유분방할 것입니다. 그렇다면 왜 이러한 순
간적인 인상이 상당히 맞아떨어지는 것일까요? 왜냐하
면 뉴욕 사람들은 빠르게 돌아가는 도시에 살고 있기 때
문에 느리게 행동했다가는 지하철에서 자리도 못 잡고
비 오는 날 택시도 못 잡기 때문이지요. 어쩌면 계속해
서 어깨나 팔꿈치를 문질러 대는 통에 품위 없어 보일
수도 있으며, 최신 연극도 보고 최고의 박물관에도 가
봤을 테니 당연히 취향이 세련될 것입니다. 높은 범죄율

과 복잡한 도시 생활로 인해 텍사스 사람만큼 가까운 이웃들에게 따뜻한 관심을 가질 리가 없으니 그의 성격이 다소 냉랭할 거라고 추측할 수 있습니다.

물론 뉴요커 중에 느리게 말하는 황소자리도 있고 천천히 움직이는 염소자리도 있겠지만, 텍사스에 사는 황소자리나 염소자리처럼 느리지는 않을 것입니다. 그렇지 않을까요? 또는 아무리 빨리 말하고 행동하는 쌍둥이자리라 할지라도 텍사스에 사는 쌍둥이자리가 뉴욕에 사는 쌍둥이자리만큼 빠르지는 않을 것입니다. 모든 것이 상대적이랍니다.

자, 그럼 그 사람이 뉴욕에 산다고 칩시다. 그리고 이제 이탈리아 출신이라는 사실도 알아냈다고 가정해 봅시다. 다른 이미지가 그려집니다. 여기에 그가 텔레비전 방송작가라고 한다면 또다른 이미지가 떠오릅니다. 게다가 결혼했고 자녀가 여섯 명이라고 하면 이젠 완전히 새로운 그림이 나타납니다. 그러므로 (비록 이것이 유추이고 모든 유추가 불완전하기는 하지만) 그가 뉴요커라고 말하는 것은 그가 쌍둥이자리라고 말하는 것과 유사하고, 다른 정보들은 그의 달별자리가 처녀자리이고 동쪽별자리가 전갈자리라는 것과 상응합니다. 하지만 추가 정보 없이 그가 뉴욕에 산다는 사실 하나만으로도, 그가 어느 도시 출신인지 모를 때보다는 훨씬 나은 상황에 있는 것이지요. 같은 방식으로 출생차트 없이 어떤 사람이 쌍둥이자리인지 사자자리인지 아는 것만으로도 불같은 성격의 사수자리를 대하고 있는지 현실적인 황소자리를 대하고 있는지 전혀 모를 때보다는 그 사람에 대해 많은 정보를 갖고 있는 셈입니다.

상세한 출생차트는 사람의 성격에 대해 보다 자세한 내용을 명확하게 드러내 줍니다. 출생차트를 보면 그의 삶 속에 녹아 있는 약물 중독, 자유분방한 성행위, 불감증, 동성애, 일부다처제, 정서장애, 가족으로부터의 소외, 또는 가족에 대한 집착, 숨겨진 재능, 경력 또는 부자가 될 수 있는 잠재성 등에 대해 두드러진 경향을 알 수 있습니다. 또한 정직과 부정직, 잔인함, 폭력, 두려움, 공포와 정신적 능력에 대한 경향도 분명하게 보여 줍니다. 이와 더불어 인생의 시기에 따라 일시적으로 두드러지는 성향도 잘 보여 줍니다. 뿐만 아니라 사고나 질병에 대한 민감함이나 면역력도 나타나고, 알코올, 섹스,

일, 종교, 자녀, 로맨스 등에 대한 숨겨진 태도 또한 드러나는 등 그 리스트는 무궁무진합니다. 정확하게 계산된 출생차트에 비밀이란 있을 수 없습니다. 개인의 자유의지가 경험하고자 하는 본인의 결정을 제외하고는 말이지요.

그러나 이렇게 완벽하게 분석하지 않더라도 누구나 태양별자리에 대한 이해만으로도 얻는 지식이 있으며, 태양별자리에 대한 지식은 우리가 서로에게 보다 더 관대할 수 있도록 해 줍니다. 상대방의 태도가 인간의 본성에 얼마나 깊이 뿌리 내리고 있는지 이해하고 나면, 당신은 그들의 행동에 대해 보다 더 동정심을 느끼게 됩니다. 태양별자리를 알고 나면, 냉정하고 균형 잡힌 전갈자리 부모가 보기에 불안하고 안절부절못하는 쌍둥이자리 아이가 실제로는 민첩하고 영리한 아이라는 사실을 깨닫고 인내심을 갖게 됩니다. 외향적인 학생은 내성적인 교사를 이해하게 되며 외향적인 교사는 내성적인 학생을 이해하게 됩니다. 처녀자리가 모든 머리카락을 한 올 한 올 가지런히 정리해야 하고 문제들을 철저히 조사하며 해결하기 위해 태어났다는 점을 이해하면 그들의 까다로움도 참을 수 있게 됩니다. 너무 바빠서 감사할 이유를 찾지 못하고 어디로 가고 있는지 알아채지 못하며 남의 발을 밟고 서 있어도 알아차리지 못하는 사수자리의 경솔함은 말할 것도 없습니다. 사수자리가 어떤 희생을 치르더라도 진실을 말할 수밖에 없는 사람이라는 사실을 알게 되면 그들의 솔직함에 상처를 덜 받게 됩니다.

염소자리 친구가 당신이 건넨 선물에 일언반구의 감탄사도 내뱉지 않아도 당신은 심하게 상처받지 않을 것입니다. 염소자리는 마음속으로 깊이 고마워해도 그 기쁨을 공개적으로 표현할 줄 모르는 사람들이라는 것을 알고 있으니까요. 염소자리가 타인에게뿐 아니라 스스로에게도 엄격한 원칙을 들이대는 사람들이라는 것을 알면, 의무를 강조하는 그들의 고집 때문에 덜 속상해하게 됩니다. 천칭자리의 끝없는 논쟁과 우유부단함도 단지 공정하고 공평한 결정을 내리기 위해 애쓰는 그들 태양별자리의 특징이라는 것을 알고 나면 보다 더 참을 만합니다. 물병자리가 당신의 사생활을 캐려고 할 때도 그들이 인간의 내적 동기를 조사해 보고 싶은 충동을 주체

할 수 없는 사람이라는 점을 떠올려 보면 그다지 무례하다는 생각은 들지 않을 것입니다.

아주 간혹, 태양별자리는 사자자리인데 행성 대여섯 개가 물고기자리인 사람도 있습니다. 물고기자리의 영향으로 인해 사자자리 특성이 매우 억제되므로 도무지 그의 태양별자리를 추측하기 어려울 수도 있습니다. 하지만 이런 경우는 아주 드물며, 당신이 열두 개 별자리 특성을 모두 잘 알고 있다면 그 사람은 자신의 진정한 본성을 영원히 감출 수 없을 것입니다. 물고기가 아무리 사자를 숨기려고 해도 사자자리 태양별자리는 절대로 완전하게 가려질 수 없으며, 당신은 그 사람이 부지불식간에 드러내는 사자자리 특성을 잡아 낼 수 있을 것입니다.

태양별자리를 파악하려고 할 때 표면만을 대충 보고 판단하는 실수를 절대로 범해서는 안 됩니다. 염소자리라고 해서 모두 온순한 것은 아니고, 사자자리라고 해서 모두 외견상으로 타인을 지배하려고 하지도 않을 뿐더러 처녀자리라고 해서 모두 처녀는 아닙니다. 가끔 예금 통장을 여러 개 가지고 있는 양자리도 있고, 조용한 쌍둥이자리도 있으며, 심지어 실용적인 물고기자리도 있습니다. 당신의 눈을 사로잡는 한두 가지 특징 그 이상을 보아야 합니다. 화려하게 치장한 염소자리가 사교계 명사들의 인명록을 힐끔거리는 순간을 포착해야 하고, 수줍은 사자자리가 자신의 허영심이 무시당했을 때 입을 삐죽거리는 모습도 볼 수 있어야 합니다. 드물게는 경박한 처녀자리가 단지 싸다는 이유만으로 살충제를 한 상자나 사는 장면도 목격하게 될 것입니다. 조용한 쌍둥이자리여서 말은 빠르지 않을 수 있지만 머리는 제트기 같은 속도로 회전하고 있을 수도 있고, 예외적으로 검소한 양자리라도 은행에 갈 때는 선홍색 코트를 입고 불친절한 은행원에게 말대꾸를 할 수도 있습니다. 그리고 아무리 실용적인 물고기자리라도 시를 쓰거나 추수감사절 때마다 여섯 명의 고아를 초대하기도 할 것입니다. 눈을 크게 뜨고 잘 보면 어떤 별자리도 자신을 온전히 감출 수 없습니다. 심지어 애완동물도 태양별자리의 특징을 여과 없이 보여 준답니다. 처녀자리 고양이의 밥그릇을 낯선 곳에 옮겨 놓거나 사자자리 강아지를 무시하는 일이 없기를 바랍니다.

유명 인사나 정치인, 문학 작품 속의 주인공들을 대

상으로 별자리를 맞혀 보는 것도 재미있습니다. 그들의 별자리가 무엇인지 추측해 보거나 그들이 어떤 별자리 특징을 대변하고 있는지 짐작해 보세요. 이런 작업을 통해 당신의 천문해석학적인 재치는 더욱 예리해질 것입니다. 만화책의 주인공들도 시도해 볼 만한 대상들입니다. 찰리 브라운은 분명히 천칭자리일 것이며, 루시의 경우에는 동쪽별자리는 양자리이고 달별자리는 처녀자리에 태양별자리가 사수자리일 확률이 높습니다. 스누피는 누가 봐도 물병자리 개입니다. 희한한 스카프를 두르는가 하면 제1차 세계대전 당시의 비행기 조종사 헬멧을 쓰고 개집 위에서 붉은 남작*에 대한 상상의 나래를 펼치고 있는 걸 보면 틀림없습니다.(또한 해왕성과 충돌 각도를 맺고 있을 것입니다.) 이런 식으로 직접 누군가의 별자리를 생각해 보면 그 재미가 제법 쏠쏠합니다. 하지만 이보다 더 중요한 것은 태양별자리 맞히기 게임을 할 때 매우 진지하고도 유용한 것을 배우게 된다는 점입니다. 사람

---

* 붉은 남작(Red Baron): 제1차 세계대전 당시 전투기 80여 대를 격추한 독일 공군의 에이스 리히트호펜(Richthofen, 1892~1918)의 닉네임이다.

들의 숨겨진 꿈과 비밀스러운 소망과 참된 성격을 어떻게 인식할 것이며, 그들을 좋아하는 법과 그들이 당신을 좋아하게 만드는 법 그리고 당신이 알고 있는 그들을 제대로 이해하는 법을 터득하게 될 것입니다. 당신이 그들 마음속에 숨어 있는 무지개를 찾아 나설 때, 세상이 더 행복해지고 사람들이 더 멋져 보이게 됩니다.

인생에서 가장 중요한 부분은 타인을 제대로 이해하는 것 아닐까요? 링컨 대통령이 이런 점에 대해 아주 간단하고 명백하게 말한 적이 있습니다.

"문명의 가장 중요한 기능은 서로 익숙하지 않은 사람들 사이에서 의도하지 않은 적대 관계로 인해 발생하는 크고 작은 인간의 사악함을, 국가적으로 또는 개인적으로 바로잡는 것이다."

지금 당장 태양별자리 공부를 시작하고 터득한 내용을 신중하게 적용해 보세요. 당신이 사람들 본연의 모습을 하나씩 벗겨 낼 때마다 사람들은 당신에게 어떻게 그런 새로운 통찰력이 생겼는지 궁금해할 것입니다. 실제로 열두 개 태양별자리를 이해하는 것만으로도 당신의 삶을 바꿀 수 있습니다. 당신은 지금 단 한 번도 마주친 적이 없는 미지의 사람들을 이해하기 위한 여정을 시작하려고 합니다. 하지만 머지않아 당신은 친구들은 물론이고 낯선 이들도 더 가깝게 느끼게 될 것입니다. 정말로 멋진 일 아닌가요?

당신을 알게 되어 행복합니다.

린다 굿맨

염소자리

Capricorn, the Goat

12월 22일부터 1월 20일까지

지배행성 - **토성**

물병자리

"영어로 아무것도 생각이 안 나면 프랑스어로 말하렴.
걸을 때는 발가락을 쭉 펴고
네 자신이 누군지 절대 잊어서는 안된다!"

염소자리를 알아보는 방법

ᚋ

"윌리엄 신부님, 신부님은 늙으셨어요.
머리도 하얗게 셌어요.
그런데 줄곧 물구나무를 서고 계시다니
그 연세에 괜찮으세요?"

염소자리의 특징을 파악하는 일은 바람을 붙잡는 일과
비슷합니다. 염소자리를 알아보는 방법을 알려 드리기
는 하겠지만 사전 실습이 좀 필요합니다. 한쪽 구석에
조용하게 있는 거미를 살펴봅시다. 거미는 빠르게 날아
다니는 곤충들을 직접 잡을 수는 없지요. 하지만 그 곤
충들은 거미가 교묘하게 쳐 놓은 그물에 걸립니다. 결
국 거미가 이깁니다. 이솝 우화에서 어처구니없는 달리

기 시합을 했던 느림보 거북이를 기억하시지요? 재빠르고 영리한 토끼를 거북이가 당해 낼 재간은 없지요. 하지만 경솔한 토끼는 이곳저곳 뛰어다니다가 목표 지점을 놓치고 결국 거북이가 이깁니다. 산비탈을 오르는 산양을 살펴봅시다. 산양은 자신을 쫓아오는 똑똑한 사냥꾼의 계략에는 당할 수가 없지요. 하지만 기운찬 산양이 잘 발달한 발굽으로 바위에서 바위로 힘차게 뛰어다니는 동안 사냥꾼은 뒤처지게 되고 결국 산양이 이기지요.

이제 염소자리에 대해 생각해 봅시다. 어디에서 이들을 찾을 수 있을까요? 자신을 발전시키고 향상시킬 수 있는 곳이라면 어디에든 있을 것입니다. 출세를 도모할 수 있고 야심을 실행할 수 있는 곳이라면 어디든 좋습니다. 사교 모임에 한번 가 보세요. 염소자리는 아무 근심 없이 파티나 즐기는 사람은 아니지만, 우리가 지금 알아보려고 하는 염소(산양)는 산꼭대기를 향해 올라가듯이 높은 사회적 지위를 향해 올라가는 사람들입니다. 사람들이 많이 모이는 한 그룹을 골라 봅시다. 수입이 좀 많은 상류층이면 더 좋습니다. 수입이 중간쯤 되는 그룹도 괜찮지만, 수입이 낮은 그룹일수록 염소자리를 찾을 확률이 적어집니다. 염소자리는 특별히 양의 탈을 쓰고 있지도 않고 탭댄스를 추거나 하는 식으로 사람들의 관심을 모으려 하고 있지도 않을 것입니다. 오히려 한 발짝 뒤에서 사람들을 동경의 눈빛으로 지켜보고 있을 것입니다. 당신은 처음에는 그 사람이 있는지도 모를 것입니다. 그는 주위에 있는 멋지고, 화려하고, 주장이 세고, 매력적이고, 의욕적인 사람들을 그저 조용하고 차분하게 지켜보고 있을 것입니다. 그 그룹에 있는 모든 사람들은 레이스(어떤 종류의 경주든)에 필요한 훌륭한 장비를 갖추고 있는 것처럼 보입니다. 허세를 부리는 사람도 많고 두려워하는 사람도 있지만, 모두들 아주 세련된 사람들입니다. 염소자리는 그런 사람들과 비교해서 별로 경쟁력이 없어 보이지요. 하지만 결국 염소자리가 이길 것입니다.

저는 몇 해 전에 뉴욕의 어떤 천문해석가가 운영하는 서점을 방문한 적이 있습니다. 저는 서점 주인이 물어보지도 않았는데 어떤 책을 들여놓아야 하는지부터 이런 저런 얘기를 하다가 천문해석학 이론에 대한 논쟁을 벌이기도 했습니다. 그런 후에 그 서점 주인이 염소자리라는 사실을 알게 되었고 그 주인은 제가 양자리라는 사실을 알게 되었습니다. 저는 잘난 체하면서 그 사람의 동쪽별자리를 추측해 냈고, 더 빨리 말하고 움직이면서 마치 제가 그 자리를 주도하는 것처럼 행동했습니다. 서점을 나오기 전에 그 주인은 저를 향해 부드럽게 미소 지으면서 매력적인 헝가리 억양으로 말했습니다. "염소자리는 항상 양자리를 이길 것입니다. 산양이 숫양을 이기거든요." 가볍게 한 말이었지만 그 주인은 상당히 진지했습니다. 서점을 나와서 저는 혼자 웃었지요. '자만심이 대단하네.'라고 생각했습니다. '아무도 더블 양자리를 이길 수는 없지.' 그런데 어떻게 되었는지 아세요? 제가 나중에 어떤 절판된 책을 찾지 못하고 있을 때 그 서점 주인이 그 책을 찾아냈습니다. 서서히 저는 그 서점 주인이 우월하다는 것을 인정하지 않을 수 없었지요. 이제 저는 그 주인이 저에게는 없는 부러운 염소자리 기질들을 보유하고 있다고 인정합니다. 아시겠지요? 염소자리의 승리입니다.

고백할 것이 또 있습니다. 양자리인 저는 지시받는 것을 싫어합니다. 양자리 작가들은 누가 자기 글을 편집

하는 것을 용납하지 않습니다. 최근에 어떤 염소자리 여성이 제가 쓴 글들을 검토한다는 애기를 들었습니다. 저는 무척 화가 났지요. 겉으로는 동의했지만 속으로는 저의 천재적인 글에서 토씨 하나라도 바꾸지 못하게 하겠다고 마음먹었습니다. 동의하는 척만 하려고 했지요. 그 편집자는 저의 예상과는 달리 조용하게, 심지어 소심할 정도로 조심스럽게 수정 제안을 했고 저는 그 수정 내용이 타당하다는 것을 명확하게 알 수 있었습니다. 왜 그 문장을 잘라 낼 생각은 못했을까, 왜 그 단어를 바꿀 생각은 못했을까? 마지못해 편집자의 제안대로 글을 수정하고 보니 제 글이 확연하게 좋아졌습니다. 또 염소자리가 이긴 것이죠.

저는 마침내 호전적인 양자리 마음으로 염소자리와 싸우는 것은 소용없다는 결론을 내렸습니다. 여러분도 그렇게 생각하시는 편이 낫습니다. 염소자리 고객을 만난 불쌍한 세일즈맨은 고객을 한번 훑어보고는, '식은 죽 먹기로군. 자유의 여신상이라도 팔 수 있겠어.'라고 생각할 것입니다. 사람 보는 안목을 기르려면 한참 더 배워야겠어요.

염소자리는 무의식적으로 자신을 배경으로 위장하여 너무나도 자연스럽게 사람들과 섞이기 때문에, 염소자리만의 신체적인 특징을 알아내는 일은 쉽지 않습니다. 다부진 근육질일 수도 있고, 마르고 허약한 체질일 수도 있으며, 통통하고 부드러운 체형일 수도 있습니다. 하지만 체형에 관계없이 염소자리는 그 현장에 뿌리를 박고 있는 듯한 인상을 줍니다. 그가 다른 곳으로 옮기기로 결심하기 전까지는요. 일반적으로 토성인들은 곧게 뻗은 짙은 색 머리카락과 차분한 짙은 눈동자, 그리고 거무스름한 피부를 하고 있습니다. 물론 곱슬머리 금발과 파란색 눈동자의 염소자리를 만날 수도 있지만 자세히 살펴보세요. 솔직하게 말해서 그들에게는 짙은 색 머리카락과 눈동자, 그리고 어두운 피부색이 어울릴 것 같지 않으세요? 좀 설득력이 없는 주장이기는 하지만 타당한 의견입니다. 마를렌 디트리히*를 예로 들어 봅시다. 드레스덴 도자기 같이 하얀 피부, 녹색 눈동자, 옥수

---

* 마를렌 디트리히(Marlene Dietrich, 1901~1992): 독일 출신 여배우로 미국에서
  활동했다.

수 수염 같은 금발을 하고 있지요. 다시 한 번 살펴보세요. 그녀의 조용하고 신중한 행동을 잘 관찰해 보세요. 그녀의 깊은 허스키 보이스를 들어 보세요. 전설적인 냉정한 사업 수완과 현실적 야망에 주목해 보세요. 이런 모든 것들이 전형적인 흑갈색 머리를 한 백인 여성의 꾸준하고 믿음직한 모습에 훨씬 더 가깝지 않나요? 이런 미묘함만 터득하고 나면 당신은 절대로 염소자리의 외모에 속지 않을 것입니다.

토성인의 성격에는 우울하고 진지한 분위기가 희미하게 감돌고 있습니다. 염소자리라면 어느 누구도 단호한 절제력과 자기부정이라는 토성의 영향에서 벗어날 수 없습니다. 염소자리는 대개 발이 튼튼하고, 실용적인 신발을 신습니다. 이들은 손재주가 많고 목소리는 즐거우면서도 부드럽게 설득하는 힘을 가지고 있습니다. 염소자리는 마치 깃털이불처럼 포근해 보이고 그렇게 행동하기도 하지만, 실제로는 단단한 못처럼 강인합니다. 모욕, 압박, 실망 그리고 의무감을 끈질기게, 마치 염소가 녹슨 깡통이나 유리 조각 같은 것을 소화시킬 때처럼 조용하게 부숴 버리지요. 진짜 염소처럼 염소자리 사람들은 강철 위장과 위험한 뿔을 가지고 있습니다. 명랑하고 잘 웃는 외향적인 염소자리들은 사방팔방 자신의 에너지를 발산하고 다니지만, 자기가 걷는 길에서 좌우로 한 치도 벗어나지 않습니다. 염소자리는 늘 다니던 길이 안전하다는 본능적인 믿음으로 위로 향하는 길을 꾸준히 따라 가고, 지름길에는 위험이 늘 도사리고 있다고 생각합니다.

염소자리는 자기보다 먼저 산 정상에 오른 사람들과 그 여정의 법칙을 세운 사람들을 무척 숭배합니다. 이들은 성공하고 싶어 하며 권위를 존중하고 전통을 중시합니다. 활동적이고 충동적인 사람들은 염소자리를 보고는 잘난 척하고 고루한 사람이라고 낙인을 찍습니다. 염소자리는 그런 비판이 경솔하고 어리석다고 생각하기는 하지만, 대체로 현명하게 처신하기 때문에 그런 비판에 대항해서 스스로를 방어하느라 불필요한 적을 만들지는 않습니다. 토성의 지배를 받는 이 사람들은 그냥 받아들입니다. 상대에게 동의하고 맞춰 줍니다. 아니면 그러는 척만 하는 것일지도 모릅니다. 염소자리는 사람들이 자기 앞에서 걷도록 내버려 두지만, 이상하게도 종종 염소자리가 먼저 목표 지점에 도달합니다. 그들은 조심스럽게 장애물과 날카로운 돌멩이들을 피해 갑니다. 당연히 어딘가 걸려서 넘어지는 일이 좀처럼 없습니다. 하늘에 있는 별에게 시선을 뺏기지도 않습니다. 그저 앞만 쳐다보며 두 발을 굳건히 땅 위에 디디고 있습니다. 질투심, 열정, 충동, 분노, 경박함, 낭비, 게으름, 경솔함 등은 모두가 장애물입니다. 남들은 그런 것에 걸려 넘어지지만 염소자리는 아닙니다. 염소자리는 실패한 사람들을 동정 어린 눈으로 쳐다보거나 과거에 그 사람들이 자기에게 베풀었던 조언과 도움에 대한 감사의 마음으로 잠깐 뒤를 돌아볼 수는 있지만, 곧 앞을 바라보고 자신의 목표에 도달할 때까지 정상으로 향하던 꾸준한 발걸음을 계속 이어 나갈 것입니다.

아주 유쾌하고 로맨틱한 염소자리도 있는데, 이들은 달의 이상한 기운과 나비 날개의 화려한 색상도 이해하는 사람들입니다. 하지만 그렇다고 해서 자신의 감정에 눈이 멀어서 사실을 보지 못하는 일은 없습니다. 전형적인 토성인들은 그렇습니다. 만약 염소자리가 상상과 환상으로 가득 찬 아름다운 시를 쓴다 해도, 그 주제는 현실적일 것이고 맞춤법은 정확할 것입니다. 그 시에는 요점이 있고 지나치게 감상적이지도 않을 것입니다. 염소자리에게 존경받으려면 전통을 거부해서는 안 됩니다. 예외적으로 대담한 염소자리라도 사회적으로 용인될 만한 최소한의 겉모습을 지키려고 합니다. 통제되지 않은, 날것 그대로의 벌거벗은 열정을 공개적으로 드러내는 행동은 염소자리를 당황스럽게 합니다.

가끔 자신의 야심을 숨기는 것을 잊어버리고는, 본인이 대장 노릇을 할 수 없는 일은 거부하는 염소자리도 있습니다. 자신에게 마땅히 자격이 있다고 생각하는 조직의 맨 꼭대기에서 일을 시작하겠다고 주장합니다. 이러한 고집 센 염소자리는 당연히 우울하고 비관적이며 냉정하고 이기적인 사람이 되어 무엇에도 만족할 수 없게 됩니다. 하지만 시련을 한두 번쯤 겪고 나면 다시 제자리로 돌아올 수 있습니다.

젊은 염소자리는 나이든 염소자리보다 삶에 대한 만족도가 더 큰 것으로 나타나는데, 여기에는 그럴듯한 이유가 있습니다. 대부분 동양 문화에서 염소자리 젊은 이들은 조상과 연장자를 존경합니다. 연장자의 지혜와 경험에 대한 존중이 토성의 성향에 깊이 배어 있습니다. 그러나 젊은 염소자리가 어른이 되어 '존경스러운 조상'과 연장자들이 사라지고 나면, 신세대들의 거친 행동 때문에 경악을 하고 어리둥절해할 수 있습니다. 보수적인 염소자리는 머리를 절레절레 흔들고 혀를 끌끌 차며 옛날이 좋았다고 말할 것입니다. 하지만 다행스럽게도 대부분의 염소자리는 새로운 도전에 적응합니다. 머리가 희끗희끗해진 염소자리가 젊은이들과 어울리면서 본인이 젊은 시절에는 너무 진지해서 해 보지 못했던 일들을 처음으로 배우는 풍경은 사람들의 마음을 따뜻하게 해줍니다. 나이든 염소자리는 불만에 가득 차서 꽁하게 앉아 있거나 아니면 사람들 속에 끼어서 흥겨운 춤을 추는 두 부류로 나뉩니다. 개중에는 어정쩡한 태도로 춤을 추는 사람도 있고, 음악에 발장단을 맞추기는 하지만 흥을 억누른 채 방관자처럼 앉아서 절대로 사람들 틈에 끼어들 용기는 내지 못하는 사람도 있습니다.

염소자리가 남의 일에 참견하거나 남의 소문을 퍼트리고 다니는 모습은 좀처럼 볼 수 없을 것입니다. 쌍둥이자리나 물고기자리와 충돌 각도를 맺고 있다면 약간 수다스러운 경향이 있을 수 있지만, 일반적으로 염소자리는 자기 일에만 관심이 있습니다. 타인이 원하지도 않은 조언을 자주 하는 편은 아니지만, 당신이 실용적인 지혜를 청하면 그들은 기꺼이 진지하게 조언해 줄 것입니다. 그리고 당신이 그 조언을 받아들이기를 기대합니다. 염소자리는 의무와 책임감에 대처하고 좌절을 견디는 방법을 몸에 익히고 있습니다. 그러므로 당신이 그의 조언을 따르지 않는다면 그는 시간 낭비로 여기고 당신을 동정하지도 않을 것입니다.

염소자리는 돈이나 사회적 지위를 위해서 결혼한다고 들으셨을 것입니다. 그 말은 약간 과장되어 있지만, "지휘자와 사랑에 빠지는 데 걸리는 시간은 세컨드 바이올린 주자와 말을 트는 데 걸리는 시간과 비슷하다." 라는 말을 한 사람은 분명히 염소자리일 것입니다. 실용적인 염소는 자신이 재정적으로 준비가 되어 있지 않으면 사업에 뛰어들지 않고, 감정적으로 준비가 되어 있지 않으면 결혼을 하지 않습니다. 염소자리는 미래를 보장받기 위해서 좀 이상한 행동을 합니다. 그들은 늘 노후를 생각합니다. 염소자리 청년들은 본능적으로 삼촌이나 이모 댁에 가는 것을 즐깁니다. 편하고 가까운 관계로 지내는 것도 좋지만, 그것 말고도 그 친척들에게 증권이나 땅이 좀 있을지도 모르기 때문이지요. 이런 행동은 좀 냉정하고 계산적이긴 하지만 실용적인 태도이기는 합니다. 염소자리의 집에는 기회가 두 번 찾아오지 않는답니다. 첫 번째 기회가 노크하는 소리를 잘 들어야 하지요. 실제로 그는 문에 귀를 대고 기회가 찾아오기를 기다리고 있답니다.

염소자리는 어린 시절에 다른 아이들보다 체질이 약하고 자주 앓는 경향이 있지만 커 가면서 질병에 대한 저항력과 체력이 점점 좋아집니다. 냉철하고 절제된 성격 덕분에 전형적인 염소자리는 인내심이 매우 강하고, 그러한 생존력 덕분에 100살 넘게 사는 염소자리도 많이 있습니다. 토성인들은 의사와 병원을 가급적 피해야 하지만, 두려움과 불확실성, 근심과 우울함이 병균보다 더 치명적이어서 그러기는 어렵습니다. 아무리 질병을 이기기 위하여 식이요법을 하고 좋은 습관을 유지하고 끈질기게 저항해도 비관주의라는 위험을 극복할 수 없습니다. 병을 피하고 싶은 염소자리는 야외 운동을 많이 하고 긍정적이고 외향적인 성격을 길러야만 합니다. 시골의 신선한 공기와 관용이라는 신선한 바람이 합쳐지면 염소자리의 건강에 마법 같은 효과를 냅니다. 염소자리 남녀는 대부분 피부가 예민합니다. 신경성 발진이나 알레르기, 거칠고 건조한 피부, 다한증, 넓은 모공 또는 여드름 등으로 고생하곤 합니다. 잘 맞지 않는 음식을 먹거나 정신적인 고통을 받으면 쉽게 위장병에 걸리기도 합니다. 또는 팔이나 다리가 부러지는 사고를 당하기도 합니다. 슬개골, 관절, 뼈 부위도 다치기 쉽고 우울한 정신 상태로 인해 마비증상, 극심한 두통, 신장병 등이 발생할 수 있습니다.

염소자리 중에는 아름답고 새하얀 건강한 치아를 가지고 있거나 아예 반대로 충치가 잘 생겨서 계속 치과 치료를 받아야 하는 사람이 있습니다. 일반적으로 말해서, 우울증으로 인한 질병만 피한다면 염소자리는 불굴의 정신으로 건강한 삶을 살 수 있습니다. 하지만 관절염이나 류머티즘에 시달리면서 마치 고목에 붙어 있는 마지막 잎사귀처럼 산다면 별로 재미없겠지요. 염소자리는 평소에 햇볕을 많이 쬐고 역경이 닥쳐도 웃어넘길 수 있는 여유를 가져야 합니다.

염소자리는 수줍음이 많고 다정하고 때로는 고집이 세기도 하지만 대체로 부드럽습니다. 절대로 남에게 해를 입힐 사람으로는 보이지 않지요. 그들은 믿고 모든 것을 털어놓고 싶어지는 든든한 사람이며, 당신의 자존심을 기분 좋게 세워 주는 사람입니다. 누가 이런 사람에게 야심가라고 비난하면서 상처를 줄 수 있을까요? 하지만 사실 염소자리는 그 동안 죽 당신의 약점과 자만심 그리고 질투심을 이용해서 자신의 힘을 키우고 있습니다. 시간이 지나면 당신은 능력 있고 꼭 필요한 존재가 된 염소자리에게 지휘권을 넘겨주게 될 것입니다. 그러면 염소자리는 겸손하게 구석에서 권한을 행사하면서 지배를 시작합니다. 염소자리는 자신의 진정한 바람, 즉 리더가 되기 위해서 에고를 깊이 감추고 있습니다. 그들은 진지하고 신중한 지혜를 갖추고 있으며 과거를 존중하며 현재가 혼란에 빠지지 않도록 지키기 때문에, 당신은 안전하게 내일을 설계할 수 있습니다.

염소자리는 굳이 대규모 브라스밴드가 이끄는 행렬의 선두에 서려고 하지는 않습니다. 대신 염소자리는 행사에 대한 허가를 내주고 그 행렬의 경로를 계획합니다. 공중곡예처럼 위험한 일에는 염소자리의 튼튼하고 안전한 그물망이 필요합니다. 규율과 격식의 칠흑 같은 검정색과 짙은 감청색, 견실한 실용성의 갈색, 깊고 솔직한 꿈의 진초록색이 인내심 많은 염소자리의 무지개 색깔입니다. 부드러운 이끼가 카펫처럼 깔려 있고 아이비 덩굴이 자라고 있는 조용한 염소자리의 숲으로 천천히 걸어 들어가서 토성의 여덟 가지 숨겨진 보물을 찾아보세요. 늘어진 버드나무 아래에는 화려한 붉은색 루비가 묻혀 있을 것입니다. 그 숲에 머무르면서 순수한 오닉스*의 영원한 아름다움을 경험해 보세요. 염소자리의 납은 단단하고, 염소자리의 석탄은 꺼지지 않는 불꽃을 피워 냅니다.

염소자리로 알려진 유명인

냇 킹 콜Nat King Cole

리처드 닉슨Richard Nixon

* 오닉스(onyx): 8월의 탄생석

마틴 루서 킹Martin Luther King

모택동(마오쩌둥)毛澤東

벤저민 프랭클린Benjamin Franklin

아바 가드너Ava Gardner

아이작 뉴턴Isaac Newton

알베르트 슈바이처Albert Schweitzer

에드거 앨런 포Edgar Allen Poe

캐리 그랜트Cary Grant

헨리 밀러Henry Miller

험프리 보가트Humphrey Bogart

*덴절 워싱턴Denzel Washington

*루이 파스퇴르Louis Pasteur

*스티븐 호킹Stephen Hawking

*앙리 마티스Henri Matisse

*엘비스 프레슬리Elvis Presley

*움베르토 에코Umberto Eco

*김대중   *박진영

*안성기   *윤석화

*이소라(가수)

염소자리 남성

ﾉﾞo

"역무원을 기다리게 하지 마, 꼬마야!
저 사람 시간은 일 분에 천 파운드야!
그렇게 계속 손가락을 튕기지 좀 말거라.
아무 말도 안 하는 게 나아.
말 한 마디에 천 파운드니까!"

염소자리 남성은 직접 만든 벽돌로 자기 주변에 울타리
를 쌓아 두고 삽니다. 그는 부끄러움을 좀 타지만, 강하
고 굳센 사람입니다. 또한 즐거운 사람이지만, 불타는
야망을 간직하고 있습니다. 염소자리 남성은 과묵하고
소박한 카우보이처럼 혼자 있는 것을 더 좋아하는 듯이
보이지만, 실제로는 별로 그렇지 않습니다.

　염소자리는 내심 사람들의 칭찬을 바라고 있습니

다. 날아다니는 서커스 그네 위에서 관중들이 전율하도록 만들고 싶어 합니다. 혼자 꿈을 꿀 때는 못 말리는 낭만주의자이지만, 토성이 그의 본성을 뒤덮고 있습니다. 규율을 중시하는 엄격한 별, 토성은 염소자리에게 침착한 태도와 실용적인 행동, 진지한 목적성을 요구합니다. 염소자리가 짊어지고 있는 이런 십자가는 종종 너무 무겁게 느껴지기도 합니다. 그는 가끔은 자신의 절망감을 퉁명스러운 태도로 숨기기도 하고, 가끔은 예상하지 못한 이상한 유머로 당신을 놀라게 하기도 합니다.(염소자리는 늘 다양한 종류의 반어적 농담을 구사합니다.) 염소자리가 천연덕스럽게 풍자적인 농담을 할 때에는 세상에서 제일 웃기는 사람이 되기도 합니다.

끈기 있고 믿음직한 염소자리 남성의 내면을 살펴보면, 즐겁고 온화한 몽상가처럼 자유로운 바람이 머리칼을 날려 주기를 갈망하는 모습을 발견할 것입니다. 또한 짜릿한 모험에 대한 갈증을 느끼기도 하고 사람들의 달콤한 칭찬에 중독되어 있기도 합니다. 선택된 소수의 사람들만이 이 외로운 영혼을 비밀스러운 감옥으로부터 해방시킬 수 있답니다.

당신이 책을 표지로만 판단하려고 하는 사람이라면, 태양별자리는 당신에게 아주 많은 도움을 줄 수 있습니다. 당신은 염소자리 남성이 훌륭한 교사는 될 수 있지만 사랑에 있어서는 형편없을 거라고 생각했을 것입니다. 그는 자기 이름이 당신 일기장에 적히기보다는 고급 사교 모임의 방명록에 적히기를 더 바랄 거라는 인상도 받았을 것입니다. 또한 그 사람은 당신의 남자가 되는 것보다는 대통령이 되는 것에 더 관심이 많을 거라고 막 결론을 내리려는 참이었지요? 그런데 지금은 그 사람이 어느 겨울밤에 느끼는 훈훈한 장작불의 온기처럼 따뜻하고 친절하다는 사실을 깨닫게 됩니다. 그가 당신을 달나라로 보내 줄 것이라는 기대에 부풀어서 그를 와락 안으러 달려가기 전에 잠시만 기다려 보세요. 제가 방금 설명한 그런 놀라운 면모는 염소자리 내면의 본성 중 일부에 불과합니다. 그 염소자리 남성을 떠올리기만 해도 황홀하고 가슴 벅차겠지만, '내면의 본성'이라고 한 점에 주목해 주세요. 어쩌면 그 사람은 그런 경솔한 꿈을 겉으로 드러내고 싶어 하지 않을지도 모릅니다. 그러니 그의 마음속에 그런 꿈이 있다는 것만 알아 두시기 바랍니다. 그걸로 충분합니다. 염소자리 남자친구가 맨발로 초원을 달릴 거라고 기대하지 마세요. 근본적인 토성의 성격은 바꿀 수 없답니다.

당신이 할 수 있는 것은 그의 털북숭이 강아지 이야기를 즐겁게 들어 주어서 그가 이야기를 이어 나갈 용기를 낼 수 있도록 해 주는 것입니다. 당신은 염소자리 남성이 충분한 자신감을 얻기 전에는 보수적인 태도 이면에 숨겨 놓은 불꽃을 잘 드러내지 않는다는 것을 눈치챌 수 있을 것입니다. 실현한 꿈이야말로 진정 밝은 꿈이기에 그 사람의 꿈이 가장 눈부시다고 그에게 얘기해 주면, 그는 더 많은 꿈을 하나씩 엮어 나갈 용기를 얻을 것입니다. 그러면 언젠가 자신만의 특별한 산 정상에 도달할 것이고, 당신은 그 곁에서 든든한 염소를 자랑스러워하며 또한 그 실용적인 꿈들을 믿어 왔던 스스로를 뿌듯해하며 서 있을 것입니다.

염소자리는 본인이 칭찬 없이도 살 수 있는 척하는데, 실제로 칭찬을 들었을 때 그들의 무표정한 얼굴을 보면 정말 그런가 보다 싶기도 합니다. 속단하지 마세요. 염소자리가 스스로를 기만하는 데 일가견이 있다고 해서 당신까지 속을 필요는 없습니다. 사실 염소자리 남성은 자신이 좋은 사람이고 똑똑하며 잘생기고 인기가 많고 흥미로운 사람이라는 얘기를 누구보다도 절실하게 듣고 싶어 하지만, 이러한 욕구를 드러내지 않기 때문에 주위 사람들도 그런 말을 좀처럼 해 주지 않습니다. 그 결과 염소자리 남성은 연애에 상당히 서툴고, 누군가가 그에게 드러내 놓고 호감을 표현하면 어떻게 반응해야 할지 잘 몰라서, 냉소적인 농담을 하거나 상대를 무시함으로써 자신이 당황하는 모습을 숨기려고 합니다. 이런 태도는 사람들의 마음을 얼어붙게 해서 그들이 이 무표정한 인간에게 두 번 다시는 마음을 열지 않겠다고 결심하게 만듭니다. 염소자리 남성은 계속 칭찬을 싫어한다는 인상을 풍기고, 사람들은 점점 더 그에게 좋은 말을 해 주지 않게 됩니다. 악순환이 반복됩니다. 어쩌면 염소자리 남성의 잘못이라기보다는 당신의 잘못인지도 모릅니다. 다음번에 염소자리 남성에게 칭찬을 해 줄 때에는 그 사람의 귀를 잘 살펴보세요. 새빨갛게 달아오른답니다. 희미하게 떨리는 눈꼬리와 살짝 실룩거리는 코도 놓치지 마세요. 그는 기뻐서 어쩔 줄 몰라 할 것입니다. 염소자리 남성이 사자자리처럼 빠른 춤곡에 몸을 맡기거나 잔디밭 위를 구르지 않는다고 해서 우쭐해하지 않는 것은 아닙니다. 그는 사람들이 자신을 진정으로 훌륭한 사람이라고 보아 주기를 바라고 있습니다. 타고난 성격과 별자리가 그런 바람을 드러내지 못하게 하고 있을 뿐입니다. 당신이 대신 나서서 그 사람의 마음을 광고해 주어야 합니다.

염소자리 남성은 대기만성형입니다. 젊은 시절에는 부엉이처럼 진지하지만 성장해 가면서 점점 여유가 생길 것이고, 전형적인 염소자리라면 나이가 들어도 외모가 상당히 젊어 보이고 행동도 젊은이처럼 할 것입니다. 바로 이 부분이 고려해 볼 만한 점입니다. 다른 남성과 함께라면 당신은 젊은 시절에는 그의 변덕과 어리석음을 오랫동안 견뎌야만 할 테고, 나이가 들면 고리타분한 노년을 보내게 되겠지요. 하지만 염소자리 남성은 그 반대입니다. 처음에는 당신의 열정을 약간 억제해야 하겠지만, 나중에 나이가 들어서 어떤 시간을 보낼지 한번 생각해 보세요. 염소자리 남편은 연애를 시작하던 시절에는 파리로 밀월여행 가자는 말을 하지 않겠지만, 40대나 50대가 되어 다른 남성들은 무릎이 아프다고 투덜거리고 있을 때 당신을 타지마할로 데려갈 것입니다. 괜찮은 전환입니다. 당신이 식당에서 일단 풍부한 전채 요리로 배를 채운 다음에 채소는 의무감으로 먹는 사람이라면, 염소자리 남성은 어울리지 않습니다. 염소자리 남성과의 연애는 (결혼까지 골인한다면) 순서대로 달콤한 디저트를 맨 마지막에 먹는 것과 같습니다.

염소자리가 나이를 거꾸로 먹는다는 것은 당신이 그의 한결같은 충실함을 기대해도 좋다는 의미입니다. 연애 초기에 염소자리 남성이 한눈을 팔 거라는 걱정은 별로 할 필요가 없습니다. 또한 나이가 들수록 더 쾌활해집니다. 그리고 무엇보다도 신의만큼은, 다른 어떤 태양별자리보다도 염소자리 남성에게서 기대하는 것이 가장 안전합니다. 염소자리 남성은 가족에게 충성을 다합니다. 나이 들어 늦바람이 들면서 일탈을 꿈꾸기도 하지만 절대로 가족이라는 횃불, 즉 당신과 자녀들을 놓지 않을 것입니다. 그는 가족의 연대를 숭배하다시피 하는 사람입니다. 그 가족에는 당신과 함께 꾸린 가족과 부모님이 꾸린 가족도 포함되는데, 후자의 경우 어린 시절부터 이미 헌신해 왔을 것입니다.

그러니 시어머님을 모욕하거나 그의 형제들에게 냉정하게 대하는 것은 현명한 처사가 아닙니다. 시댁 가족들이 아무리 가시 돋친 선인장처럼 다루기 힘든 사람들일지라도, 그들을 사랑할 마음의 준비를 해야 합니다. 염소자리 남성은 자신의 가족을 옹호할 뿐만 아니라 만약 당신이 시댁 식구들과 논쟁이라도 벌이면 두 가족에 대한 신의 사이에서 어느 쪽을 선택해야 할지 압박을 받다가 결국 시무룩하고 우울해집니다.(세상에서 당신이 절대로 보고 싶어 하지 않을 만한 것이 바로 시무룩하고 우울한 염소자리랍니다.)

때로는 자신의 가족을 노골적으로 경멸하거나 가족과의 인연을 끊고 절대로 뒤돌아보지 않는 염소자리 남성을 만날 수도 있지만, 그런 독립심의 내막을 살펴보면 과거의 깊은 감정적 상처를 발견할 수 있을 것입니다. 염소자리 남성은 다른 친구들이라면 집을 떠나서 자유로운 젊음을 만끽할 만한 나이를 훨씬 지나서까지 부모님과 함께 삽니다. 다른 남성들보다 훨씬 늦게 사랑에 빠지고, 본인이 직업을 갖고 어느 정도 안정되기 전에는 좀처럼 결혼을 하지 않습니다.

염소자리 남성은 주위를 신중하게 둘러보면서 훌륭하고 완벽한 가문의 여성을 찾을 것입니다. 염소자리는 무엇보다도 좋은 어머니가 될 수 있는 여성을 선택합니다. 그리고 좋은 요리사이자 훌륭한 가정주부가 될 수 있어야 하지요. 또한 남편의 거래처 사람들이나 친구들에게 좋은 인상을 줄 수 있도록 옷도 잘 입어야 하고 그 사람들보다도 사회적 배경이나 예의범절, 가정교육 그리고 지능까지도 더 뛰어나야 할 것입니다. 마지막으로 그는 자신이 선택한 여성이 아름다운지 또는 자신의 육체적 감각을 자극하는 매력이 있는지도 확인해 볼 것입니다. 당신의 머리 스타일이 흐트러져 있거나 향수를 뿌리지 않았거나 당신의 다리가 미스 유니버스처럼 늘씬하지 않다면 아마 기회가 없을 것입니다. 가족 대대로 물려받은 도자기를 그에게 보여 주세요. 1주일에 한 번씩은 그 사람의 어머니를 점심 식사에 초대하고, 당신이 한 달 용돈을 얼마나 알뜰하게 쓰고 있는지도 알려 주세요. 다음 데이트에는 당신의 네 살짜리 막내 여동생을 데리고 나가세요. 당신이 외동딸이라면 이웃집의 꼬마라도 데리고 나가세요. 아기의 작은 코를 제대로 된 면 손수건으로 부드럽게 자주 닦아 주면서 시장이 주도하는 도시발전위원회의 위원이 되고 싶다고 얘기하세요. 조신하게 걷고, 가끔은 불어로 된 문구를 인용하고, 유모차를 타고 있는 아기를 보면 까꿍! 하고 인사하는 것도 잊지 마세요. 그 사람의 아버지에 대해서는 당신이 지금껏 만나 본 사람들 중에 가장 현명한 분이라고 치켜세우고, 당신의 작은할아버지는 카네기가 왕국을 건설하는 데 도움을 주었다고 언급하거나 또는 조지 워싱턴 장군과 포지 계곡 전투에서 눈보라 속에서도 함께 싸웠다는 얘기도 꼭 해 주세요.(어떤 전투였던 간에 상관없습니다.) 당신의 외모는 예쁘면 예쁠수록 좋습니다. 하지만 미모는 당신이 그의 사촌동생에게 짜 준 털모자만큼의 위력은 발휘하지 못합니다. 장담컨대, 당신이 그 염소자리 남성 가족들의 심사를 통과하지 못한다면 그는 절대로 당신과 결혼하지 않을 것입니다. 물론 예외는 있겠지만, 대단히 드물 것입니다.

당신은 염소자리 남성의 가족이 당신에게 청혼을 (그 남성이 청혼하는 것과 같습니다.) 한 후에는 단호한 태도를 취해야 합니다. 아주 확고하게요. 당신은 그 사람의 가족을 진심으로 사랑하지만, 당신이 같이 살기로 결심한 사람은 바로 그 사람이라는 것을 반드시 알려 주어야 합니다. 그렇지 않으면 당신은 매주 토요일마다 그 사람의 친척들을 위한 저녁 식사를 준비하느라 시간을 보내야 하고, 고민 많은 사춘기 시누이의 고민을 들어주느라 밤을 새야 할 것입니다.

염소자리 남성은 이성이 나타나면 약간 긴장하기 때문에, 어색한 말실수를 하거나 거칠고 냉담한 모습을 보이기도 합니다. 하지만 그런 모습은 염소자리 남성이 당황스러움이나 호기심을 숨기는 전형적인 방법일 뿐입니다. 그렇다고 해서 자신의 보니* 역에 어울리는 클라이드 역을 당신에게 원하고 있다고 생각하면 안 됩니다. 당신은 매 웨스트** 같은 여성이 아닙니다. 당신이 숙녀라는 사실을 잊지 마세요. 염소자리 남성은 매춘부에게 엉큼한 눈길을 던지기는 하지만, 절대로 결혼하고 싶어 하

---

* 보니와 클라이드(Bonnie and Clyde): 미국의 혼성 은행 강도로 1967년 아서 펜 감독이 영화화 함.
** 매 웨스트(Mae West, 1893~1980): 미국 영화배우이자 희곡작가. 노골적인 성적 표현으로 유명한 페미니스트.

지는 않습니다. 믿지 못하겠다면 십대들이 입는 비키니에 초록색 마스카라를 하고 향수를 듬뿍 바른 채 사람들 앞에서 염소자리 남성에게 키스를 해 보세요. 당신은 언젠가 웨딩드레스를 입고 결혼식장에 입장할 수는 있겠지만, 상대는 염소자리 남성이 아닐 것입니다.

시집은 염소자리 남편에게 좋은 선물이 될 수 있습니다. 낭만적인 시집일수록 더 좋습니다. 처음부터 그에게 애정 표현 기술을 훈련시키지 않으면, 아무리 부족함 없이 사랑받고 존중받는 아내로 살게 되더라도 당신은 애정에 굶주리게 될 것입니다. 그때가 되어서 남편이 당신에게 사랑한다는 말을 해 주지 않는다고 불평해도 소용이 없습니다. 남편은 억울한 표정으로 혹은 불만스러운 표정으로(남편의 출생차트에서 토성이 얼마나 강력한지에 따라 다를 수 있습니다.) 당신을 쳐다보면서 "제 정신이 아니군. 당신에게 약혼 반지를 주면서 사랑한다고 말했고, 우리 첫 애가 태어날 때도 다시 사랑한다고 했던 걸 난 분명히 기억하고 있는데."라고 침착하게 설명해 줄 것입니다.

염소자리 남성은 그가 당신을 부양하고 있으며, 당

신으로 하여금 그의 아이를 낳고 그의 집을 쓸고 닦을 수 있도록 해 줬기 때문에, 당신에 대한 그의 감정이 어떤지를 당신이 당연히 알고 있을 거라고 생각합니다. 염소자리 남성에게 지나치게 감상적인 말은 불필요합니다. 그는 "내가 리처드 버튼이라도 되기를 바라는 거예요?"라고 반문할지도 모릅니다. 그럴 때 당신은 "네!" 하고 크게 대답하면 됩니다. 염소자리 남편은 약간 당황하겠죠. 그는 리처드 버튼이 되지는 않겠지만 가끔은 적절하게 "자기야." 하고 부드럽게 속삭이더라도 자신의 남성성에 흠이 생기지 않는다는 사실을 깨닫고는 적잖이 놀랄 것입니다.

아버지로서 염소자리 남성은 말 그대로 전형적인 아버지가 될 것입니다. 늘 식탁의 상석에 앉고 소풍을 가도 마찬가지입니다. 설령 개미집 근처에 있는 옻나무 덩굴 위에 종이를 깔고 앉더라도 염소자리 아버지가 앉는 자리가 상석이 됩니다. 그는 아이들에게 존경과 복종을 요구할 것이고 규칙적인 생활과 규율을 따르라고 요구할 것입니다. 하지만 염소자리 아버지는 정직과 헌신으로(심지어 자기를 희생해서라도) 아이들에게 보상해 줄니다. 그는 생일 파티나 크리스마스 파티를 성대하게 열어 줄 것입니다. 염소자리 아버지는 아이들의 버릇이 나빠질 정도로 매를 아끼지는 않습니다. 그는 아이들이 치과에는 잘 가는지 숙제는 잘하는지 지켜볼 것이고, 필요하다면 따끔하게 혼을 내기도 합니다. 그가 가지고 있는 조직과 신뢰에 대한 감각은 아이들에게도 그대로 전달될 것입니다. 아이들의 콧대가 좀 꺾이기는 하겠지만 절대로 아이들에게 해가 되지는 않을 것입니다. 부모가 된다는 것은 진지한 책임감을 느끼게 하는 동시에 재미있는 일이 될 수도 있다는 것을 염소자리 남편에게 일깨워 주세요. 염소자리 남편이 찰스 디킨스 타입의 아버지라고 생각하세요. 그에게 아이들이 잠자리에 들 때 따뜻하게 굿나잇 키스를 하도록 가르치고, 아이들을 데리고 공놀이를 하거나 수영이나 낚시를 하라고 북돋워 주세요. 염소자리 아버지는 지나칠 정도만 아니면 약간 엄격하게 행동하는 것이 아이들에게 도움이 된다는 것을 기억하세요. 손자가 자신의 무릎 위로 뛰어 올라온다면 염소자리 남성은 놀랍게도 그 응석을 잘 받아 줄 것입니다. 염소자리 할아버지들은 아기를 아주 잘 봅니다. 예전에 저는 둘째 손자와 함께 롤러스케이트를 타고 동네를 도는 염소자리 할아버지를 본 적이 있답니다.

염소자리 남성은 서둘러 결혼하고 나중에 후회하는 일이 좀처럼 없습니다. 오히려 나중에 결혼을 하고 급하게 후회를 하는 편입니다. 염소자리의 결혼은 대부분 공고하지만, 자신이 실수했다고 판단하면 갑자기 떠나 버리기도 해서 아내가 어떻게 손써 볼 도리가 없게 만들기도 합니다. 염소자리는 이혼을 굉장히 싫어하기 때문에 자주 일어나는 일은 아니지만, 한번 결심하면 그게 최종 선택이 됩니다. 다시 말해서 한다면 하는 사람이지요.

염소자리 남편은 사람들에게 안부인사 보내기, 장보기, 은행 업무 보기, 박물관이나 미술관 가기, 골프채 닦기, 트로피 모으기 등 계획을 세워서 하는 것처럼, 부부간에 사랑을 나누는 일도 계획을 세웁니다. 좀 냉정하고 감성이 메마른 것처럼 보이지만, 염소자리는 다른 남성들이 자신의 감정을 표현하려면 시라도 써야 하는 시기가 되어야 육체적 사랑에 관심을 가진다는 것을 기억하세요. 제가 처음에 이야기한 대로입니다. 디저트를 나중에 먹는 것이죠. 그는 은퇴하고 나서야 자신의 애정 표현 기술을 갈고 닦을 수 있는 시간을 더 많이 갖게 되는 것입니다. 염소자리 남편과 함께라면 당신은 보험보다 안전한 보장을 받게 되는 것이지요. 시련이 닥칠 때를 대비한 보험, 외로울 때를 대비한 보험, 그리고 이 험한 세상에 대비한 보험 말입니다. 지각 있는 여성이라면 염소자리 남성의 헌신에 감사하게 될 것입니다. 그는 황홀한 눈빛으로 당신을 바라보면서 화려한 미사여구로 구애하는 불같은 연인은 아닙니다. 하지만 그는 당신이 가지고 있는 모든 두려움으로부터 당신을 지켜 줍니다. 부드러운 마음을 가진 강인한 남성이랍니다. 포근한 모닥불을 피우기 위해 장작을 패고, 그 불 앞에 당신과 나란히 앉아서 당신의 손을 따뜻하게 잡아 줄 것입니다. 세월이 지나 당신 머리가 희끗희끗해지고 얼굴에는 주름이 가득하더라도 그에게 있어 당신은 언제나 "사랑해."라고 말하게 만드는 아가씨입니다. 그러니 그 말을 반복할 필요가 뭐가 있겠어요? 그렇게 평생 가는 사랑인데 한 번이면 족하지요.

염소자리 여성

♑

그러면서 앨리스는 일어나서 주위를 걸어다녔다.
처음에는 혹시 왕관을 떨어뜨릴까 봐 조심스러워서 자세가 좀 뻣뻣했다.
하지만 아무도 보고 있는 사람이 없다는 생각에
마음이 놓여 다시 앉으며 말했다.
"만약에 내가 진짜 여왕이라면 곧 이런 것도 잘할 수 있게 될 거야."

염소자리 여성에게는 전형적이라는 말이 잘 어울리지 않습니다. 그녀는 할머니나 낄 만한 안경을 쓴 박물관 큐레이터가 될 수도 있고, 반짝이 의상을 입고 춤을 추는 댄서가 될 수도 있습니다. 지루한 학부모회를 사무적으로 운영하거나, 패스트푸드 가게에서 햄버거를 만들고 있거나, 또는 대형 자선 행사를 조직하고 있을 수도 있습니다. 또한 신문의 사회면 칼럼을 장식하고 있거나, 선거 운동을 하는 남편 뒤에서 얌전하게 웃고 있거나, 또는 시험관에 신비의 약물을 붓고 있을 수도 있습니다. 하지만 무엇을 하든 무슨 옷을 입든 간에 토성이 염소자리 여성의 행동과 은밀한 목표를 지배할 것입니다.

염소자리 여성은 남성의 보호본능을 불러일으킬 정도로 매우 여성스럽고 매력적인 여성일 수 있습니다. 아니면 대리석 반석 위에 앉아서 당신이 그녀의 우월함을 넘어설 수 있을 만큼 똑똑한지 시험해 보는, 냉정하고 과묵한 여성일 수도 있습니다. 어떤 성격을 보여 주든 간에 그 이면에 있는 목표는 동일합니다. 그녀는 앞으로 큰 인물이 되어서 자랑스러워할 수 있는, 그리고 아이들에게는 좋은 아빠가 될 수 있는 제대로 된 남성을 얻고자 하는 굳건한 의지가 있습니다.

염소자리 여성은 대부분 커리어 우먼이기 때문에 일에 비해서 사랑과 결혼을 소홀하게 여길 거라고 생각할지도 모릅니다. 사랑에 대해서라면 그 생각이 맞을지도 모릅니다. 하지만 결혼에 대해서라면 아닙니다. 염소자리 여성이 추구하는 목표는 안정적인 미래, 권한, 존경 그리고 지위라는 점을 이해하셔야 합니다. 이러한 욕구를 교사가 되어 교단에서 충족하든, 기업의 사장이 되어 큰 책상에 앉아서 충족하든, 혹은 야심이 많은 남편 옆에서 가정을 우아하고 계획적으로 관리해 나가면서 충족하든 별 차이가 없습니다. 어떤 식으로든 염소자리 여성은 자신의 존재를 인정받을 것입니다. 어떤 여성은 책을 쓰거나 강의를 통해서 혹은 그림이나 작곡을 통해서 인정받습니다. 남녀를 불문하고 염소자리 사람들 중 다수가 남다른 예술적 재능을 가지고 있다는 것은 놀라운 사실입니다. 어쩌면 무엇이 기분 좋은 것이고 무엇이 옳은지를 아는 균형과 조화에 대한 내적인 감각에서 기인하는지도 모릅니다.

약간 민감한 이야기이기는 하지만, 스트립쇼를 하거나 매춘부라는 유서 깊은 직업에 종사하는 염소자리 여성조차도 가장 잘 나가는 남자 배우나 극장대표, 혹은 가장 부유한 고객과 결혼하게 됩니다. 염소는 산꼭대기를 향해 올라가야 합니다. 시작하는 위치가 높건 낮건 간에 산 정상에서 가장 만족스러운 경치를 찾을 것입니다. 염소자리 여성에게는 호화로운 것이 없습니다. 목청을 높이거나 노골적으로 자신의 주장을 관철시키려고 하거나 맨 앞자리를 차지하겠다고 남들을 밀치는 모습은 거의 볼 수 없습니다. 오히려 너무 유순해 보여서 당신은 그녀가 기꺼이 뒷자리에 남아 있을 거라고 생각할 수도 있습니다. 하지만 나중에 결국 누가 승진을 하는지 확인해 보세요.

염소자리 여성이 결혼 때문에 일을 절대로 포기하지 않을 것이라고 오해할 필요는 없습니다. 사회적 지도자가 될 기회와 관리가 잘 되는 대저택의 안주인이 될 기회를 동등하게 주면 그녀가 얼마나 빨리 직업에 대한 흥미를 잃는지 볼 수 있을 것입니다.(염소자리 여성이 빨리 하는 몇 안 되는 행동 중에 하나입니다.) 만약 당신이 염소자리 아내가 계속 일하기를 원한다면 아내는 당신의 성공을 돕기 위해서 기꺼이 계속 일을 할 것입니다. 절대로 게으름을 피우지도 않습니다. 하지만 그런 경우가 아니라면 가정주부로서 자신의 지위를 즐기는 것을 더 좋아합니다. 가문이 좋고 경제적으로 충분히 여유가 있다는 전제조건 하에서요.

염소자리 여성의 가장 전형적이면서도 좋은 면은

타고난 가정교육과 우아한 태도입니다. 형편이 정말 어려운 집에서 자란 염소자리 아가씨를 만날 수도 있는데, 그녀가 스스로 자신의 성장 환경에 대해 얘기하지 않는 한(아마도 얘기하지 않을 것입니다.) 당신은 그녀가 전통 있는 가문 출신이고 최고의 예비신부 교육을 받은 사람이라고 확신할 것입니다. 염소자리의 타고난 사교적 우아함과 보수적이고 전통적인 외모 때문이지요.

염소자리 여성과 연애하는 남성이라면 기본적인 사실을 한 가지 알고 있어야 합니다. 염소자리 여성은 실제보다 더 침착하고 감정적으로 안정된 모습을 보여 줍니다. 돌처럼 단단하고 차분한 그녀의 겉모습을 흐트러뜨릴 것은 아무것도 없어 보입니다. 하지만 실제로 염소자리 여성은 다양한 기분 상태에 시달립니다. 여성이라면 누구나 그렇지 않느냐고 말할 수 있겠지만, 염소자리 여성은 아주 우울한 기분이 오래 지속될 수 있습니다. 온당한 대접을 받지 못하고 있다거나 인정을 받지 못하고 있다고 느끼면 며칠이나 몇 주 또는 몇 달 동안이라도 그것을 곱씹고 있습니다. 본인은 그것이 합리적이고 실용적인 태도라고 하지만, 토성의 우울함과 비관주의는 그보다 훨씬 더 깊이 자리 잡고 있습니다. 이러한 감정은 미래에 대한 두려움, 현재에 대한 걱정, 그리고 과거에 대한 후회로부터 시작되거나 또는 자신이 놀림 받고 있다는 의심이나 무언가 불합리하다고 느끼는 감정에서부터 시작됩니다. 염소자리 여성은 놀림 당하는 것을 가볍게 넘기지 못합니다. 그러니 자제하는 것이 좋습니다. 솔직하게 말하자면 염소자리 여성은 자신이 농담의 대상이 되는 것도 참지 못합니다. 그렇다고 해서 너무 칭찬을 남발할 필요도 없습니다. 진실하지 않은 칭찬은 어떤 식으로든 알아차리기 때문입니다. 그러므로 중요한 사안에 대해서 절대로 장난치지 말고 당신이 그녀의 진정한 가치를 알고 있다는 것을 그녀가 깨달을 수 있도록 자주 칭찬해 주어야 합니다.

염소자리 여성은 연애할 때 느긋한 마음을 갖는 것이 어렵습니다. 무심해 보이는 겉모습과는 달리 생각보다 많은 육체적 욕망이 있으며 그것은 절대로 가볍게 채워지지 않습니다. 미래가 아무것도 정해지지 않은 상태라면 숨 막힐 듯한 포옹과 황홀한 키스를 하면서 시간을 낭비하는 것은 좋아하지 않습니다. 하지만 당신의 경제적 상태가 확실하거나 야망이 충분하다고 판단되고 자신의 남자라고 확신하면, 염소자리 여성은 안아 주고 싶은 판다 곰처럼 다정다감하며 심지어 열정적인 모습까지 보여 줍니다.

염소자리는 안개 자욱한 하늘을 정처 없이 헤매는 듯한 희미한 꿈은 믿지 않습니다. 사랑의 배가 자신을 어디로 이끌고 있는지, 안전한 바다를 항해하고 있는지 알고 싶어 합니다. 염소자리 여성을 결혼식장까지 모셔 가려면 당신이 꾸릴 가정은 단단한 기초 공사가 되어 있어야 합니다. 보험도 여러 개 가입해 두어야 하고 아파트 대출금도 다 갚았거나 곧 다 갚을 수 있어야 합니다.

염소자리 여성은 완벽한 에티켓을 갖춘 사교적인 여성이 될 것이며, 이름이 새겨진 손수건이나 바늘로 수놓은 의자 같은 고풍스러운 스타일을 좋아합니다. 모든 것들은 제자리에 놓여 있어야 하고, 전통은 무슨 수를 써서라도 지켜야 합니다. 가장 비싸고 독보적인 가게에서 쇼핑을 하고 싶어 하면서도 동시에 가격을 깎으려고 하는 모순적인 쇼핑 습관이 있습니다. 그녀는 고급 브랜드라면 세일 중인 옷이라도 좋아합니다.

염소자리 여성에게는 신선한 아름다움이 있습니다. 염소자리 여성 중에 특별히 아름답지 않은 사람은 찾아볼 수 없을 것입니다. 하지만 이들은 보통 자기 외모에 자신이 없기 때문에 그들이 예쁘다는 것을 자꾸 확인시켜 줄 필요가 있습니다. 비록 염소자리 여성들이 어떤 형태로든 거짓을 싫어하기는 하지만 나이만은 예외입니다. 그녀는 토성의 이상한 장난 덕분에 별로 나이 들어 보이지 않기도 합니다. 어릴 적에는 나이 든 아줌마처럼 보이지만 인생의 황금기를 지나면 얼굴이 갑자기 어린 소녀처럼 활짝 핍니다.

염소자리 여성의 가족을 무시하는 행동은 최악의 실수가 될 것입니다. 염소자리 여성과 결혼하는 남성은 그녀의 가족과 결혼하는 셈입니다. 당신의 아내는 다를 것이라고 생각하면 오산입니다. 다르지 않습니다. 당신은 언젠가부터 장모님의 농담을 비웃는 일을 더 이상 하지 않게 될 것입니다.(그 대신 눈물까지 흘리면서 맞장구를 치게 될지도 모릅니다.) 염소자리 여성은 가족을 경제적으로나 도덕적으로 혹은 동시에 두 가지 면에서 혼자 지원하고 있는 경우가 많습니다. 결혼을 완전히 포기할 만큼 헌신적으로 병든 부모를 돌보고 있을 수도 있습니다. 가족에 대한 진실한 사랑 때문에 종종 그런 희생을 감내하지만, 설령 그런 상황 때문에 화가 난다고 하더라도 강한 책임감과 의무감 때문에 도망치지도 못할 것입니다.

당신은 장모님에게 아첨을 해야 한다는 사실을 받아들이는 것이 좋습니다. 그 염소자리 여성이 그럴 만한 가치가 있는 좋은 사람이어야겠지요. 장인어른과는 절대로 정치 얘기로 논쟁하면 안 되고, 처제나 처남을 비판해야 한다면, 그 비판 자체가 그들의 잠재적인 가능성을 믿는다는 전제를 둔 생산적인 내용이 되도록 하세요. 염소자리는 힘들어하는 사람들이나 병든 친척들에 대한 책임감을 느낄 때가 많고, 어떤 대가를 치르더라도 사랑 때문에 그러한 의무감을 방기하지 않습니다. 그러니 집안에 친척들이 묵을 수 있는 방을 한두 개쯤 만드는 것이 좋습니다. 장점도 있습니다. 염소자리 아내는 당신의 가족들에게도 친절하고 배려가 깊을 것입니다. 염소자리 여성은 매달 시부모님에게 용돈을 드리는 것도 이해할 것이고, 당신의 형제자매들에게도 좋은 친구가 되어 줄 것입니다. 당신이 집에 데리고 가서 어머니에게 인사를 시키면 어머니가 바로 결혼을 승낙할 만한 그런 여성입니다. 남성들은 특이하게도 이런 식으로 부모님이 갑자기 결혼을 부추기면 약간 뒤로 물러서는 경향이 있습니다. 하긴 부모의 반대에 맞서 싸우며 연인을 지키는 상황이 보다 더 흥미진진하기는 하죠. 하지만 그래 봤자 자기 발등만 찍는 꼴이 될 것입니다. 당신 어머니의 안목이 정확하기 때문입니다. 그녀가 염소자리 특징이 강한 여성이라면 훌륭한 아내가 될 것입니다.

염소자리 여성의 집은 별 노력 없이도 항상 먼지 한 톨 없이 깔끔하고 원활하게 돌아가기 때문에, 집 안 어느 구석에 우렁각시가 숨어 있다가 모두가 잠들었을 때 부지런히 집 안을 쓸고 닦고 광을 내고 요리도 해 놓는 게 아닐까 생각할 정도입니다. 아닙니다. 그런 상상의 존재가 가장 있을 법하지 않은 장소가 바로 염소자리의 집입니다. 토성의 실용성과 확고한 사실에 대한 믿음은 보이지 않는 존재를 별로 인정하지 않습니다. 염소자리 여성은 그녀의 코 위에 요정이 앉아 있다고 하더라도 그 존재를 믿지 않습니다. 비록 특이한 몽상가나

오컬트 마법을 믿는 사람은 아니지만, 일단 확고한 사실만 있으면 일상적인 상황에서도 낭만과 풍류를 즐길 수 있습니다.

　염소자리 여성의 미적 감각은 현실적이어서 지저분하고 추한 것도 약간의 쓸모만 있다면 아름다운 것으로 만들 수 있습니다. 염소자리 여성은 북풍의 집시 같은 분위기를 모르는 것도 아니고, 봄날에 내리는 소나기의 청명한 노랫소리와 외로운 종달새의 지저귐을 듣지 못하는 것도 아닙니다. 위대한 음악은 항상 염소자리 여성의 마음을 사로잡고, 그녀는 거의 모든 형태의 예술에 대한 열렬한 후원자이기도 합니다. 어쩌면 마법을 믿으려면 보고 만져 봐야 하는 사람일지도 모릅니다. 만약 요정이 동화 속에서 암시만 하는 것이 아니라 실제로 나타나서 금은보화가 어디에 숨어 있는지 말해 준다면 훨씬 더 잘 믿을 수 있을 것입니다.

　염소자리 여성은 역사적 사실과 영웅들의 행동을 숭배하는 경향이 있습니다. 그녀는 전통을 숭배하고 성공을 쟁취하기 위하여 장애물을 극복한 사람들을 존경하기 때문에, 당신이 최근에 진행했던 과감한 전략에 열

광하기보다는 게티즈버그 연설*에 흥분하기 쉽습니다. 사실 염소자리 여성은 비현실적인 판타지를 가진 산만한 사람들보다 더 훌륭한 상상력이 있는 진정한 낭만주의자입니다. 1월에 태어난 여성들은 모두 마음속에 잊지 못할 시를 한 편씩 간직하고 있지만, 다락방에서 굶주리는 시인들에 대해서는 별로 연민을 느끼지 않습니다. 염소자리의 모토는 먼저 의식주를 해결하고 난 다음에 꿈을 추구하자는 것입니다. 또한 그 꿈이 추구할 만한 가치가 있는 것이어야 합니다. 실패에 대해서는 매력적이라거나 멋지다고 생각하지 않습니다.

염소자리 아내와는 대의명분을 공유해야 합니다. 그녀는 가난하고 힘없는 자들을 위해서 지치는 줄도 모르고 일할 수 있지만, 개인적으로 자선을 베풀기보다는 조직 차원에서 노력하는 것을 더 선호합니다. 토성의 동정심은 대체로 조직화되어 있어서 좀처럼 분산되지 않습니다. 염소자리 여성은 특히 여성들의 모임에서 타고

---

* 게티즈버그(Gettysburg) 연설: 1863년 11월 19일 링컨 대통령이 한 연설로 '국민의, 국민에 의한, 국민을 위한 정부'라는 말로 유명함.

난 리더십을 발휘합니다.

염소자리 여성은 어린 아이들에게 근검절약 정신과 사람이 갖추어야 할 자질을 철저히 가르칩니다. "음식은 남기지 말아야 하고, 옷은 다 해질 때까지 입어야 하며, 무슨 일이든 끝까지 하지 않으면 안 한 것과 마찬가지다."라고 가르칩니다. 그럼에도 불구하고 아이들에게 가장 좋은 음식을 먹이고 가장 좋은 신발을 신깁니다. 염소자리 여성에게 있어서 경제성이라는 것은 단지 저렴한 것만을 의미하지는 않습니다. 아이들은 친척이나 웃어른들에게 공손하게 대하는 법을 배우게 될 것입니다. 그녀는 아이들을 응석받이로 키우지도 않고, 부모의 말에 따르지 않는 것을 용납하지도 않습니다. 염소자리 여성에게 아이들의 심리에 대한 책을 주면, 일단 제멋대로 구는 자녀의 엉덩이를 때리는 데에 쓰고 나서 읽어 볼 것입니다. 그녀는 아이들이 어머니에게 달려들어 뽀뽀를 해대는 것을 별로 좋아하지는 않지만, 그녀만큼 아이들에게 헌신적인 어머니도 드물 것입니다. 아이들은 공손하게 어머니의 말을 들을 것입니다. 약간 엄격할 수도 있고 커 가면서 아이들이 겪는 성장통에 대해서는 냉정할 수도 있지만, 염소자리 여성은 아이들이 스스로 해낸 것을 자랑할 때에는 적극적으로 들어 줍니다. 아이가 학교에서 돌아와 "엄마, 제가 오늘 뭘 배웠게요?"하고 소리칠 때는 절대로 무시하지 않고 바쁘더라도 관심과 애정을 가지고 들어 줍니다. 아이들이 십대가 되면 토성의 보수성과 젊은이들의 자유주의가 부딪혀서 장벽이 생길 수도 있습니다. 이런 시기에는 아이들의 열정적인 꿈을 이해하기 위해서 다른 사람의 도움이 필요할 수도 있습니다. 그녀는 자신이 아이들의 친구 관계를 좌지우지할 수 없고 또한 아이들을 늘 자신의 울타리 안에만 가두어 둘 수는 없다는 것을 힘들게 배워 나갈 것입니다. 하지만 염소자리 여성은 자신이 얻는 것보다 잃는 것이 더 많을 것 같은 상황에서는 잘 적응하고 자신의 뿔을 거둘 만큼 총명합니다.

염소자리 여성은 대부분 피부가 예민하기 때문에 화장을 많이 하지 않습니다. 심지어 화장품에 알레르기가 있는 경우도 많습니다. 하지만 자연은 염소자리 여성에게 꾸미지 않아도 되는 자연적인 아름다움을 선사해서 다른 여성들이 생기를 잃은 노년에도 여전히 건강한 아름다움을 유지할 수 있습니다. 어떤 염소자리 여성은 팔구십 세가 되도록 너무나 고운 피부와 또렷한 이목구비 그리고 빛나는 눈동자를 간직하고 있기도 합니다.

염소자리 여성이 부족한 자신감을 채울 수 있도록 인내심을 가지고 도와주시기 바랍니다. 망상을 좋아하지 않는다고 해서 상상력이 없는 것은 아닙니다. 염소자리 여성의 현실적인 꿈이 당신에게도 맞는지 한번 시도해 보세요. 자신의 옷을 입은 것처럼 아주 편하게 잘 맞을 것입니다. 완고함이 그녀의 단점이기는 하지만, 투덜대거나 신경질적으로 잔소리를 하지는 않습니다. 그녀는 당신이 성공할 수 있도록 부드럽고 헌신적으로 후원할 것입니다. 그녀는 겸손하고 가끔은 연약해 보이지만 당신을 어떻게 요리해야 하는지 잘 알고 있습니다. 염소자리 여성에게는 다른 여성들의 불안정하고 요구가 많은 사랑보다도 더 오래 지속되는 깊고 풍부함이 있습니다. 염소자리 여성이 동화를 믿지 않는다고 누가 그러던가요? 현명한 염소자리 처녀만이 못생긴 개구리의 눈을 깊이 들여다볼 수 있으며 실제로는 왕자님이 변한 모습이라는 것을 알아볼 수 있습니다. 그뿐만 아니라 염소자리 여성과 결혼한다면 항상 깨끗한 양말이 준비되어 있을 것입니다.

염소자리 어린이

ㅑ

"망원경처럼 내 몸을 구멍 속에 쑥 집어넣을 수 있다면 얼마나 좋을까!
시작하는 방법만 알고 있다면 한번 해 볼 수 있을 텐데."

"머리를 쓰다듬어 주면 얼마나 좋아하는지 봐!
작은 친절만 베풀어도… 그리고 머리카락을 종이에 싸 주거나 해도…
얼마나 놀라운 일이 벌어지는지…."

세상의 모든 신생아들은 쭈글쭈글한 노인네처럼 생겼다
고 말하는 바람에 아기 어머니에게 미움을 받고 계신가
요? 염소자리 아기의 어머니라면 당신의 말에 별로 반론
을 제기하지 못할 것입니다. 자그마한 염소자리 신생아
는 실제로 팔십대 노인을 미니어처로 만들어 놓은 것처
럼 보입니다. 염소자리는 어릴 때에는 늙어 보이고 나이
가 들어서는 젊어 보입니다. 아기 바구니 안에 있는 쭈

글쭈글한 말린 자두 같은 얼굴은 언젠가 다른 사람들의 피부가 처지기 시작할 때쯤에 주름이 활짝 펴질 것입니다. 1월에 태어난 것과 관련이 있을지도 모릅니다. 묵은 해는 가고 새해가 오니까요. 이러한 대비는 새해에 막 태어난 신생아와 그 옆에서 아이를 돌보는 주름진 노인의 이미지와 흡사합니다.

당신의 아이가 염소자리라면 당신은 이런 모순을 곧 깨닫게 될 것입니다. 자립심 강한 염소자리 아기는 어릴 때부터 그 독특한 어른스러움으로 당신을 당황스럽게 만듭니다. 아기에게 "우리 애기, 맛있는 케익 주까?"라고 애교를 부리며 말하면 아이는 마치 당신의 행동이 유치하다는 듯이 진지하게 당신을 쳐다볼 것입니다. 그런 표정을 몇 번만 더 보면 보통의 부모들은 다시는 염소자리 아기에게 혀 짧은 소리로 어리광을 부리지 않게 됩니다.

염소자리 아이는 호불호가 분명하지만 절대로 그것을 유난스럽게 표현하지 않습니다. 어린 염소는 떼를 쓰거나 갑자기 접시를 손으로 내리치는 일은 없지만, 마음에 들지 않는다는 의사 표시를 분명하게 합니다. 엄마는 그런 염소자리 아기에게 막연한 두려움을 느끼기도 하지만 정확한 이유는 알지 못합니다. 어쨌거나 염소자리 아기는 엄마가 스스로를 어리석고 변덕스럽다고 느끼게 만듭니다. 솔직하게 말하자면 엄마에게 본인이 부모라기보다는 오히려 어린아이가 된 듯한 느낌을 줍니다.

염소자리 아기는 자신이 좋아하는 것을 쉽게 포기하는 타입이 아닙니다. 아이는 자신이 가고 싶어 하는 곳으로 신중하게 기어가거나 뒤뚱거리며 걸어갑니다. 당신은 아이 기저귀를 갈아 주는 동안 아이가 신중하게 어디로 어떻게 갈지 계획을 세워서 실행에 옮기는 듯한 느낌을 받습니다. 염소자리 아이는 확고한 의지를 가지고 있습니다. 자신이 원하는 것이 무엇인지를 밝히는 것에 대해 절대로 수줍어하지 않습니다. 자신의 의사를 당신에게 확실하게 전달합니다. 그리고 당신의 대답을 끈기 있게 기다립니다. 당신이 "안 돼."라고 했을 때, 그것이 별로 중요한 일이 아니라면 아이는 울지도 않고 좌절을 받아들일 것입니다. 그러나 만약 그것이 아이가 정말로 원하는 것이라면 아이는 어떤 식으로든 얻어 내고야 맙니다. 당신이 안 된다고 해도 아이에게는 별로 의미가 없습니다. 아이는 당신과 맞서 싸우는 대신에 그 말을 무시하고 당신이 지쳐서 포기할 때까지 기다립니다.

더 자라면 아이는 자신의 생활을 규칙적으로 관리합니다. 아이가 특정한 장소에 보관하는 장난감을 당신이 함부로 옮겨 놓는다거나 아이의 시스템을 흐트러뜨리면 상당히 마음 상해 할 것입니다. 전형적인 염소자리 아이라면 시간 맞춰서 식사를 하거나 화장실에 가는 것에 대체로 잘 적응하며, 다른 또래 아이들보다 유치한 장난에 관심이 적습니다. 아주 어릴 적에도 염소자리 아이는 집에서 노는 것을 확실히 더 좋아합니다. 또래 아이들과 밖에 나가서 뛰어다니는 것보다는 엄마 아빠와 함께 소풍을 가거나 아니면 집에서 어른들이 하는 얘기를 듣는 것을 더 좋아합니다. 또래 친구들도 별로 없습니다. 가까운 친구가 몇 명 정도 있거나, 비밀을 나눌 수 있는 특별한 친구가 한 명 정도 있을 것입니다.

염소자리 아이는 학교 생활도 전혀 힘들어하지 않습니다. 충돌하는 동쪽별자리가 있거나 달이 참을성 없는 별자리가 아니라면, 염소자리 아이는 놀랄 만큼 성실하게 숙제를 합니다. 집에 돌아오면 외투를 벗어서 걸어

놓고 바로 책상 앞에 앉아 숙제를 합니다. 진정한 염소자리라면 해야 할 일을 먼저 다 해 놓지 않고는 제대로 놀지 못한답니다.

염소자리 아이는 어른 흉내 내는 놀이를 자주 합니다. 어린 염소자리 여자 아이는 엄마 옷을 입고 노는 것을 좋아합니다. 가끔은 당신에게 "엄마가 아기 해. 내가 엄마 할게."라고 제안하는데 꼬맹이가 부모 역할을 너무 그럴 듯하게 해서 당신을 약간 당황스럽게 만들 수도 있습니다. 당신이 아기 놀이 울타리에 앉아서 아기 흉내를 내면서 바보 같다는 느낌을 받을 때, 아이는 큰 안경을 쓰고 당신의 구두와 진주 목걸이를 하고 당신을 내려다보면서 단호하게 이렇게 말합니다. "얌전히 있지 않으면 저녁밥도 안 주고 바로 잠자리에 들게 할 거야." 이쯤되면 당신은 이 역할극을 얼른 그만두지 않으면 진짜로 아이가 당신을 재우려고 할 것 같은 느낌이 듭니다. 염소자리 아이는 가끔 애완동물에게 부모처럼 행동하면서 진지하게 책임을 다하기도 합니다. 어린 염소자리 남자 아이는 선생님이나 의사, 철도회사 사장 또는 아빠 역할을 하는 것을 좋아합니다. 염소자리 아들이 남편의 외투를 입고 담배 파이프를 들고 있으면, 차를 가지고 마트에 가서 장을 봐 오라고 말해야 할 것 같은 이상한 충동이 생깁니다. 그 다음에 아이가 아직 자전거도 제대로 타지 못한다는 사실을 깨닫습니다. 염소자리 아이는 또한 그림을 그리거나 음악을 듣는 것도 좋아하지만, 목적 없이 게임이나 하면서 시간을 보내는 것은 별로 좋아하지 않습니다. 오히려 뭔가 실용적인 것을 만드는 데에 열중하는 편입니다. 너무 작은 화분 받침대나 우스꽝스러운 연필통 같은 것을 만들기도 하지만, 분명히 실용적인 목적이 있지요. 이런 아이들은 밖에 나가 놀도록 많이 유도해야 합니다. 염소자리 아이는 스스로 밖에 나가서 신선한 공기를 맡고 햇볕을 쬐지는 않지만, 아이들에게는 이런 것이 필요하며, 그렇게 해야만 그 어린 마음속에 자리 잡은 토성의 우울한 기운을 날려 버릴 수 있습니다.

학교 교사들은 염소자리 아이를 가르치는 일이 무척 즐겁다는 것을 알게 되지만, 아이가 느리게 배우고 고집이 세기 때문에 인내심을 잃을 수도 있습니다. 하지만 이 아이가 수업 시간에 딴 생각을 하거나 숙제를 하지 않는다고 불평할 일은 없을 것입니다. 염소자리 아이는 기본 원리만 파악하고 나면 대체로 뛰어난 우등생이 됩니다. 빨리 배우거나 천재성을 발휘하지는 않지만 꼼꼼하고 신중합니다. 토성의 집중력은 무시할 수 없지요. 결국은 그것 때문에 상도 타고 최고 점수를 받는답니다.

아이가 학교에서 받은 행동 발달 카드에는 '순종적이고 공부를 열심히 하며 신뢰할 수 있지만 집단 토론에는 참여하지 않으려고 함', 그리고 '질문에 답하는 것을 거부하며 소심하고 자신감이 결여되어 있어서 교우들과 어울리지 않음'이라고 적혀 있을 것입니다. 당신은 아이를 내성적인 책벌레이자 사교성도 없는 사람으로 키운 것이 아닐까 걱정되기 시작합니다. 그러다가 어느 날 아이가 출석을 불러야 하기 때문에 학교에 일찍 가야 한다고 말합니다. "네가 왜 출석을 부르니?"라고 물으면 충격적인 답을 듣게 됩니다. "아, 제가 반장이거든요." 왜 진작 얘기하지 않았냐고 소리치면 아이는 무뚝뚝하고 겸손하게 "에이, 별것도 아닌데요, 뭘."이라고 답할 것입니다. 하지만 아이는 얼굴이 붉어지면서 만족스러운 표정을 짓습니다. 어른이 되어서도 이런 식으로 살아가니다. 분명히 다른 아이들보다는 느리고 아마도 사교성이 좀 떨어지겠지만, 예상 밖의 능력을 보여 주면서 필연적으로 리더십을 발휘해야 하는 위치에 조용히 오를 것이고, 외향적인 친구들도 염소자리 아이가 책임감이 있는 믿음직한 사람이라는 점을 깨닫게 됩니다. 염소자리는 사교적인 사람들이 놀며 꿈꾸는 동안 뒤에 남아서 보물들을 지키고 있지만, 그런 일을 부담스러워하지 않습니다. 염소자리가 추구하는 것은 존경과 권위이기 때문입니다.

염소자리 아이들 중에서는 가끔 약한 친구들이나 형제들에게 냉정하게 이래라저래라 지시하는 경우가 있습니다. 하지만 이렇게 유아적인 잔인함을 보이기보다는 자기보다 더 우세한 태양별자리를 가진 아이들에게 복종하는 경우가 많습니다. 그러므로 형제자매들 중에 어린 염소자리 아이에게 이래라저래라하는 아이가 생기는 문제가 발생할 수 있고, 당신은 염소자리 아이가 부당하게 억압받고 있다고 생각할 것입니다. 하지만 걱정할 필요는 없습니다. 염소자리 아이는 스스로를 돌볼 수 있습니다. 제가 아는 한 염소자리 여자 아이는 자기보다 더 나이가 많고 공격적인 사수자리 언니에게 완전히 복종하는 태도를 보여 주고 있었습니다. 흙의 별자리 특유의 인내심으로 그 아이는 불같은 성격의 언니가 하라는 대로 다 해 주었습니다. 한 번도 말대꾸를 하거나 다툰 적도 없습니다. 하지만 언니가 유난히 극성스럽게 심술을 부리고 난 뒤에 언니는 자신의 신발과 빗 그리고 제일 좋아하는 스웨터가 없어졌다는 것을 알아챘습니다. 결국에는 그 없어진 물건들이 다시 나타나긴 했지만 가족들 중에 아무도 그 물건들이 어떻게 사라졌는지 아는 사람이 없었습니다. 하지만 몇 주가 지나자 그 심술궂던 언니가 동생에게 자상하게 대하기 시작했습니다. 염소자리의 자기보호 능력을 과소평가하지 마세요. 어떻게든 갚아 주고 맙니다.

염소자리 아이는 이성들에게 둘러싸여 있으면 얼굴이 빨개지면서도 강렬한 호기심을 보입니다. "남자 애들은 하나같이 바보 멍청이들이야."라든가 "여자 애들은 소름 끼쳐."라는 식으로 이성을 싫어하는 척하면서도 밸런타인데이에는 아주 들떠서 '누구게?'라는 이름으로 카드를 잔뜩 보냅니다. 청소년기에는 이성 문제로 힘들어

하기도 합니다. 데이트 상대가 생기면 잘 격려해 주고 조심스럽게 대해 줄 필요가 있습니다.

1월에 태어난 아이의 부모가 되는 것은 축복입니다. 신의 선물 같은 아이들이기 때문입니다. 그 아이들은 너무 억압받으면 무뚝뚝하고 잔인하면서도 고통스러운 말을 하기도 하지만, 그렇지만 않다면 그들이 싫어하는 달콤한 케이크처럼 사랑스러운 아이들입니다. 당신은 월세 낼 돈이 부족하면 언제든지 염소자리 아이의 돼지저금통을 빌릴 수도 있습니다. 염소자리 아이는 손위 형제자매에게 예의바르게 행동하고, 아주 고집을 부릴 때만 제외한다면 특별히 부탁하지 않아도 신경을 써 줍니다. 자신이 해야 할 이런저런 일들을 잘 관리하고, 자신의 미래에 대해서도 진지합니다. 가끔은 아이에게 귓뒷부분까지 비누칠을 잘 해서 깨끗이 씻으라고 잔소리를 해야 할 때가 있기는 하겠지만요. 염소자리 아이는 정직하고 헌신적인 태도로 집과 가족을 돌볼 것이며 당신은 아이가 어디에 있는지 궁금해할 필요가 거의 없습니다. 대부분은 바로 당신 곁에서 즐거운 시간을 보내고 있을 것입니다. 아이는 자신만의 밝고 단단하며 현실적인 꿈을 갖고 있습니다. 아이가 『잠자는 숲 속의 공주』 같은 동화를 좋아하지 않는다고 해서 걱정할 필요는 없습니다. 당신이 나이가 들어 백발이 되면 염소자리 아들이나 딸이 당신의 지혜를 진심으로 존중할 것입니다. 아들이라면 자기 집으로 당신을 자주 초대하거나 심지어 당신과 함께 살려고 할 것입니다. 염소자리 아이가 어릴 적에 종종 했던 말을 이번에는 진짜로 하게 됩니다. "내가 엄마(또는 아빠)를 할 테니까 엄마가 아기 역할을 하는 거야. 엄마가 나를 그 동안 사랑으로 보살펴 줬잖아요. 이제는 제가 엄마를 돌볼게요." 이 말에는 염소자리 자녀의 진심이 담겨 있으며, 안데르센도 이보다 더 행복한 결말을 맺는 동화를 쓴 적이 없을 것입니다.

염소자리 사장

℣

"나는 한 번 말하고 두 번 말했지만
물고기들은 내 충고에 귀 기울이지 않았지."

"지금 난 기분이 좋을 때 으르렁거리고 화가 나면 내 꼬리를 흔들어.
그러니 내가 미쳤지."

저는 대단히 전형적인 염소자리 사장을 한 명 알고 있습니다. 그는 어떤 유명 남자 가수의 소속사 사장이었습니다. 그 사실을 아는 사람은 거의 없지요. 그 사장의 이름을 딴 간판도 없고; 칼럼니스트들도 그의 활동에 대해서 재미있는 기삿거리를 쓰지 않습니다. 「타임」 지 표지에 그의 얼굴이 실리는 적도 없지만 그 유명 가수에게 뭔가 멋진 아이디어를 팔기 위해서는 그 염소자리 사장의 테스트를 반드시 통과해야 합니다.

그는 책상에 꼭 붙어 앉아서 그 유명 가수의 복잡한 삶에서 생기는 모든 어설픈 일들을 깔끔하게 마무리하고 단단히 줄을 묶어 놓습니다. 공항에서 그 가수의 친척을 마중하는 일에서부터, 요트를 사거나 콘서트에 사용할 투광 조명을 임대하는 등의 다양한 일을 합니다. 법률 소송이나 세금 문제와 같은 뜨거운 감자들을 적임자들에게 분배해서 어떤 부분도 덜 익거나 타지 않도록 합니다. 그에게는 곳곳에 있는 수행원들로부터 계속해서 도움을 요청하는 전화가 빗발치듯 걸려 오며, 그 염소자리 사장은 누가 어디에 왜 있으며 언제 돌아오는지 정확하게 알고 있습니다. 그는 머릿속에 수만 가지 정보를 담고 있습니다. 중요한 정보를 알려 줄 일급비밀 정보원들에서부터 20년이나 지난 영화의 시작 장면, 현재 영화의 박스 오피스 순위 그리고 이탈리안 피자 소스로 맛을 낸 따뜻한 스파게티를 어디에서 먹을 수 있는지 등등 모든 정보가 포함되어 있습니다.

그 염소자리 사장의 하루는 끝이 나는 법이 없습니다. 새벽부터 시작해서 늦은 밤까지 그 다음날 아침 바로 진행해야 하는 일들의 스케줄을 정리해야 합니다. 종종 사무실에서 면도도 하고 샤워도 하고 옷도 갈아입습니다. 이런 실상을 아는 사람들은 이 정신 없는 상황 속에서 그 사장이 혹시 사라지기라도 한다면 일이 엉망진창이 될 것이라고 확신합니다. 그는 디스코텍 같은 장소에는 전혀 어울리지 않는 사람으로 보이고 나이트클럽에서는 약간 불편해 보이기까지 하는데, 가끔 의무감으로 가기는 하지만 아무 표정 없는 얼굴로 앉아 있곤 합니다.

이 염소자리 사장은 어느 맨해튼 빌딩의 한 층을 다 쓰는 아주 독특한 사무실을 가지고 있습니다. 바깥쪽에 있는 방들과 리셉션 홀 이외에도 자신만을 위한 커다란 공간이 따로 있습니다. 그 방의 한쪽 구석에는 매일 검토해야 하는 서류들이 산더미처럼 쌓여 있는 큼지막한 둥근 테이블이 놓여 있습니다. 나머지 공간은 커다란 소파 두 개, 좀 많아 보이는 의자들, 커피 테이블, 두꺼운 커튼, 등, 책장, 폭신한 카펫 등으로 채워져 있습니다. 심지어 식사하는 공간도 따로 있는데 뉴욕 메츠 야구팀을 다 불러서 식사를 할 수 있을 만큼 넓은 식탁과 도자기

장식장, 거울, 접시들, 은제품, 그리고 유리잔 등이 있습니다. 벽면에는 무늬 벽지가 도배되어 있고, 비싼 열대어들이 들어 있는 어항이 몇 개나 줄지어 있습니다. 당신은 중요한 역할을 맡은 사장이 바쁘게 일하는 사무실이라기보다는 마치 누군가의 집에 와 있다는 착각이 들 것입니다.

사실 집이 맞기는 합니다. 염소자리 사장은 밖에서 오랫동안 일해야 하기 때문에 집을 회사로 옮겨 놓은 것뿐입니다. 다른 사장들은 상업적인 비즈니스 세상을 즐기기 때문에 오히려 집 밖에 나와 있는 것을 좋아할지도 모르겠지만 염소자리는 그렇지 않습니다. 집은 신성한 곳입니다. 이 염소자리 사장의 주변에는 거의 항상 친척들이 있습니다. 일 때문에 가정을 소홀히 하는 법은 없습니다.

이 사람은 아주 전형적인 토성형 사장이기 때문에, 그의 습관을 보면 염소자리 사장들에 대한 많은 것을 알 수 있습니다. 우선 직원들에게는 자상한 아버지 같은 이미지입니다. 엄격하지만 공정하지요. 직원들에게 그들의 의무를 다할 것을 요구하고, 열대어에 먹이 주는 일을 잊는 직원은 화를 면치 못합니다. 지시할 때 언성을 높이는 경우는 거의 없습니다. 목소리는 걸걸하지만, 일부러 고함쳐야 하는 경우를 제외하고는 대체로 나지막한 어조를 유지합니다. 화가 나서 소리를 칠 때에는, 노려보는 표정으로 유명한 배우 몬티 울리*를 좀 닮았습니다. 방문객들은 사장의 심각하고 딱딱한 태도 때문에 약간 겁을 먹기도 하지만, 함께 일하는 직원들은 사장의 따뜻한 마음을 알기 때문에 외부인들이 사장을 비판하면 그냥 넘어가지 않습니다. 물론 사장이 채찍을 휘두를 때에는 가끔 뒤에서 욕을 하며 수군대기도 한답니다. 직원들이 바보 같은 실수를 저지르면 귀청이 찢어져라 고함을 치기도 하지만 필요할 때에는 급여를 올려 주기도 하고 병원에 입원한 비서의 어머니에게 꽃다발을 배달시키기도 합니다. 염소자리 사장은 좀처럼 칭찬을 하거나 남 듣기 좋은 말을 하지는 않습니다. "그래, 그거 괜찮네." 정도의 말은 염소자리 사장으로서는 엄청난 칭찬입니다. 하지만 직원들의 개인적인 문제에 대해서는 연

---

* 몬티 울리(Monty Woolley, 1888~1963): 미국의 영화배우.

민을 가지고 들어 주며, 식사를 제대로 하도록 하고, 비가 올 때에는 장화를 신게 합니다. 염소자리 사장에게 직원은 가족과 같으며, 사장은 의심할 여지없이 그 가족의 대장입니다.

염소자리 사장은 산타클로스처럼 크리스마스 보너스를 주지는 않지만, 휴가를 떠났던 직원이 돈을 다 날리고 집으로 돌아오는 항공료조차 없을 때에나 충직한 부하 직원이 자신의 급여로는 감당할 수 없는 의료비가 발생할 때는 인색하게 굴지 않습니다.(직원이 라스베이거스에 있다면 현금을 보내 주기보다는 돌아오는 이코노미 비행기 티켓을 보내 줍니다. 낭비하는 취미는 절대로 없죠.)

염소자리 사장은 좀 거칠기는 하지만, 가끔은 부드럽고 소심해지기도 합니다. 칭찬을 들으면 귀까지 빨개지지만 못 들은 척하는 경우가 많습니다. 자선 단체의 직원은 염소자리 사장으로부터 지원을 약속받을 수 있으며, 그 자선 기관이 아이들이나 노인들과 관련되어 있다면 수표에 쓰인 숫자는 더 커질 것입니다. 염소자리 사장에게는 휴식 시간이나 식사 시간을 상기시켜 주어야 합니다. 책임감 때문에 개인적인 필요성을 쉽게 간과

하기 때문입니다. 가끔 암울한 토성의 우울증에 빠지면 사장실 문을 닫고 창밖을 하염없이 내다보기도 하는데, 이럴 때는 아무도 사장을 방해할 엄두를 내지 못합니다. 우울함이 가시기 전에는 걸려오는 전화도 모두 대기하고 사무실에 문제가 발생해도 모두 정지 상태로 돌입합니다. 옷은 보수적으로 어둡고 차분한 스타일로 입고, 할아버지들이나 쓸 법한 주머니 시계를 가지고 다니면서 자주 봅니다. 유행의 첨단을 걷는 분야에서 잘 나가는 세련된 사교가로 보이기보다는 고리타분한 금융 쪽에 종사하는 사람처럼 보입니다. 사장의 책상에 있는 장식물들은 대부분 골동품들이고, 아내와 아이들 그리고 여러 친척들의 오래된 사진도 액자에 들어 있습니다.

이런 모습이 바로 염소자리 사장의 진짜 모습입니다. 이런 이미지를 마음속에 간직한다면 지금의 염소자리 사장을 포함해서 앞으로 만날 모든 염소자리 사장들이 어떨지 정확한 판단이 설 것입니다. 염소자리 사장은 조금이라도 여유 시간이 생기면 절대로 그냥 허비하지 않습니다. 당신도 자신을 닮기를 바랄 것입니다. 전화가 별로 오지 않는다고요? 잘됐네요. 그 편지들 좀 정리

할 수 있는 시간이 생겼군요. 오늘 일정이 좀 여유가 있다고요? 좋아요. 이 박스들 좀 창고로 옮겨 놓을 수 있겠군요. 업무 시간에 손톱 정리를 한다든지 조용한 회의실에서 사적인 전화 통화를 하는 일은 삼가는 것이 좋습니다. 당신의 토성인 사장은 마치 램프의 지니처럼 갑자기 나타나서 얼굴을 찌푸릴 것입니다. 당신의 히피족 동생이 긴 머리에 기타를 둘러메고 사무실에 오는 것도 별로 권할 일이 아닙니다. 염소자리가 비록 가족에 대한 맹목적인 헌신을 하는 별자리기는 하지만, 그건 자신의 가족에 대한 것이므로 당신의 동생에 대해서는 못마땅하다는 듯 눈살을 찌푸릴 것이 뻔하기 때문입니다. 지독한 향수 냄새를 풍기는 직원도, 회의실에서 퍼팅 연습을 하는 직원도 염소자리 사장과는 편하게 일하기 어려울 것입니다. 염소자리 사장 입장에서는 진한 향수는 병 속에 담겨 있어야 하고 퍼팅 연습은 골프장에서 해야 하기 때문입니다.(물론 최고의 골프장이어야겠지요?)

염소자리 사장은 성공이라는 산봉우리에 자신보다 먼저 도달하여 사회적인 지위가 좀 더 높은 사람들에게 감동을 받습니다. 그러니 당신이 사교계 명사들과 친하다면 총애를 받을 것입니다. 당신이 명문대학 출신이 아니라면 삼촌이나 이모들 중에서라도 명문대 출신이 있기를 바랍니다.

당신이 매주 수요일마다 어머니를 회사 근처로 오시게 해서 점심을 대접해 드리고 있거나 아니면 어린 남동생의 학비를 대고 있다는 사실을 사장도 알게 하세요. 분명히 승진할 것입니다. 늘 손톱 밑을 깨끗하게 정리하고 예의바른 태도로 정확한 어법을 구사하는 것이 필요조건이며, 투덜거리거나 불평하지 않고 일을 효율적으로 하는 것은 충분조건이 될 것입니다. 낯선 이들 앞에서는 사장을 부를 때 깍듯하게 하고, 어떤 사람 앞에서도 사장 가족의 흉을 봐서는 안 됩니다. 크리스마스에는 골동품 가게에서 산 토머스 제퍼슨의 낡고 오래된 초상화나 링컨 대통령의 어머니인 낸시 행크스의 생가에 갔을 때 뒤뜰에서 주워 온 돌멩이를 선물하세요. 염소자리는 역사와 과거를 숭배합니다. 돌멩이를 몰래 주워 왔다고는 하지 마세요. 염소자리들은 도덕성에도 매우 민감합니다. 사장에게 아첨을 한다고 해서 당신의 급여가 올라가지는 않습니다. 하지만 사장의 외로운 마음을 이해하면 사장을 대할 때 자신감이 생길 것입니다. 다른 직원들은 사장을 완고하고 엄격한 냉혈한이라고 볼 수도 있습니다. 하지만 당신은 사장의 수줍음 많고 예민한 내면에는 자유로워지고 싶다는 갈망이 있지만 토성이 질서와 체계, 권위에 복종할 것을 요구하고 있기 때문에 억눌려 있다는 것을 알고 있지요. 그리고 당신이 알고 있음을 사장도 알게 해 주세요. 그러면 사장은 당신을 아들이나 딸처럼 대할 것입니다. 당신이 잘못하면 매를 맞겠지만 당신이 잘하면 그만큼 보상을 받을 것입니다. 그는 당신이 곤경에 처할 때에는 당신을 저버리지 않을 것이고 당신이 도움이 필요할 때 모른 척하지도 않을 것입니다. 사장이 기르는 열대어에 먹이를 주는 일만 잊지 마세요.

염소자리 직원

℣

공작 부인은 거친 목소리로 투덜거렸다.
"모두들 자기 일에나 신경 쓴다면 세상이 지금보다 훨씬 더 빨리 돌아갈 텐데."

사무실을 둘러보면서 누가 염소자리 직원인지 알아맞혀 보세요. 직원 인사 카드에 나와 있는 생일을 슬쩍 보기는 없기예요. 구레나룻이 덥수룩하고 사슴뿔 모양의 목걸이를 한 저 직원은 빼셔도 됩니다. 술집에서 여자들을 꼬드긴 얘기를 떠벌리고 있는 저 활달한 직원도 아닙니다. 그건 토성의 타입이 아니지요.

말도 안 되는 농담으로 동료들을 가끔 당황스럽게

만드는 쾌활한 직원도 염소자리는 분명히 아닙니다. 항상 느긋해 보이면서 말도 잘하고 톡톡 튀는 비상한 아이디어를 내는 저 친구도 아니고, 영업 미팅에서 늘 경쾌한 옛날 노래를 흥얼거리는 주황색 넥타이를 맨 저 새로 입사한 판촉 담당 과장도 아닐 것입니다.

멜빵을 메고 앞가르마를 탄, 평상시에는 속내를 별로 드러내지 않고 늘 열심히 일하는 저 직원은 어떨까요? 늘 조용히 왔다갔다하고 책상 위에는 가족 사진을 타조가죽 액자에 끼워서 올려 둔 직원 말입니다. 늘 일찍 출근하고 좀 늦게 퇴근합니다. 머리가 어깨 위에 단단히 고정되어 있고, 연필심을 항상 날카롭게 갈아 놓는 직원입니다. 하급 직원들은 그에게 존댓말을 하고, 심지어 동료들도 말을 편하게 하지 못하며, 당신은 문제가 생겼을 때 그 직원을 먼저 찾습니다. 당연히 그 직원은 염소자리입니다.

말도 휘청거릴 만큼 어마어마한 분량의 일을 염소자리 말고 또 누구에게 시키겠습니까? 그 직원은 당신의 일이 꼬이고 엉망이 될 때 필요한 안전벨트 같은 존재로서 별로 유난을 떨지 않고 당신에게 옵니다. 절대로 뛰어

오지는 않을 것입니다. 걸어올 것이며, 혹시 당신이 바쁜지 확인하는 것도 잊지 않습니다. 옷도 태도도 모두 보수적이며, 직원들 중에 비 오는 날 우산을 잊지 않는 유일한 사람입니다. 지하철에서 가방을 잃어버리거나 점심 도시락을 어디에 두었는지 잊어버리지도 않습니다. 도시락이요? 당연하죠. 그 갈색 종이 가방에 뭘 넣어 가지고 다닌다고 생각하셨어요? 식당은 밥값이 너무 비쌉니다. 게다가 팁을 내는 것도 싫어하고, 사람들 많은 곳에서 밀치기 하는 것도 좋아하지 않습니다.

그 직원이 치약 광고에나 나올 법한 하얀 치아를 드러내고 웃는 모습을 당신이 마지막으로 본 것은 당신 비서가 그 직원에게 그 직원이 없으면 회사가 어떻게 돌아갈지 모르겠다고 얘기했을 때였습니다. 그는 잘 웃는 타입은 아닙니다. 아둔하고 경솔한 타입도 아니지요. 가끔은 특유의 비꼬는 듯한 무미건조한 농담을 할 때도 있고, 예쁜 아가씨를 보면 흘깃 쳐다보기도 하지만, 토성은 절대로 그 모든 정거장에 서지 않습니다. 염소자리 직원은 대체로 자기 일에만 신경 씁니다. 염소자리 직원은 고유의 냉소적인 유머 감각으로 정말 재미있는 농담을 할 때도 있지만, 활달하고 외향적인 사람들이 편하게 즐거운 시간을 보내는 모습을 보면 그들과 어울리기보다는 눈살을 찌푸리는 경우가 더 많습니다. 염소자리 직원이 한번 마음을 먹으면 아무도 그를 능가할 수 없답니다.

염소자리 직원이 독특한 소중한 자질을 가지고 있다는 점을 인정해야만 합니다. 염소자리 직원은 끈질기고 의심 많은 국세청 조사 위원을 상대할 수 있는 직원입니다. 염소자리 직원이 감사 요원 담당자로 일을 하고 나면, 조사 위원은 더 이상 의심하지 않고 훨씬 더 나긋나긋해질 것입니다. 심지어 예의를 갖추고 존중해 주기까지 합니다. 누구나 세금 조사관을 위협할 수 있는 것은 아닙니다. 회사에 찾아와서 직원들의 사기를 북돋워 줄 수 있다며 향기 나는 컴퓨터 키보드를 판매하려 했던 끈질긴 세일즈맨 기억하시나요? 당신의 염소자리 직원과 몇 마디 나눈 뒤에 그 불쌍한 세일즈맨은 어깨를 축 늘어뜨리고 하는 수 없이 떠나야 했죠.

당신은 그 염소자리 직원이 앞으로 훨씬 높은 자리에 오를 수 있을 거라는 인상을 받지만, 어떻게 그렇게 할 수 있을지는 잘 파악이 안 됩니다. 별로 공격적인 태도도 없고 자신의 야망을 공개적으로 드러내지도 않으니까요. 유난스럽거나 인정사정없이 정상을 향해 달려가는 타입도 아닙니다. 다시 말해 염소자리 직원은 유난스러운 등산가가 아니라는 뜻입니다. 온화하면서도 눈에 띄지 않는 자신만의 방식으로 목표 지점까지 결연한 자세로 오를 뿐입니다. 꾸준한 발전을 방해하거나 주제넘게 나서는 사람들은 곧 그 염소자리 직원이 절대로 만만한 사람이 아니라는 사실을 깨닫게 됩니다. 염소자리 직원은 전혀 불평하지 않고 자신의 책무를 받아들이지만, 자신을 심하게 혹사시키는 것은 받아들이지 않습니다. 출생차트 상에 행성들이 심각한 충돌 각도를 맺고 있다면 놀라울 만큼 잔인하거나 무자비할 수도 있습니다. 하지만 일반적인 염소자리는 사람들이 자신의 뿔을 잡아당기면 한 번 으르렁거리는 것이 전부입니다.

당신 회사에 예외적인 염소자리 직원이 있다면, 제가 아는 도넛 가게에서 일하던 염소자리 직원 이야기를 들려 주는 것이 도움이 되겠네요. 그 염소자리 직원은 아마도 동쪽별자리가 사자자리이거나 달이 쌍둥이자리 혹은 양자리일 것입니다. 그 사람은 비싼 이탈리아제 구두를 신고 커다란 커프스 버튼을 달고 다녔습니다. 다른 남성들이 평생을 두고도 못할 연애를 1주일 만에 경험했습니다.(그 직원의 말에 의하면 그렇습니다.) 야한 농담을 즐겼으며, 여성 고객들에게 추파를 던지거나 자신이 얼마나 터프한지에 대해 사람들에게 자랑을 하고 있지 않을 때에는 제법 근사한 판매 전략이나 독특한 판촉 전략을 순식간에 짜내기도 했습니다. 사람들은 대부분 그 직원이 염소자리라고는 생각하지 못했는데, 그건 충분히 가까이에서 살펴보고 그 직원의 얘기를 귀담아 듣지 않았기 때문일 것입니다.

만나는 아가씨들마다 추파를 던졌지만, 자신의 약혼녀와 전화 통화를 할 때는 목소리가 훨씬 더 부드럽고 상대방을 보호하는 듯한 말투였습니다. 약혼녀 앞에서 감히 욕을 했던 남자는 두 번 다시 그럴 엄두를 내지 못했습니다. 자신의 약혼녀가 숙녀임을 분명히 했던 것이지요. 부모님들 앞에서는 차분하고 존경하는 태도를 보였습니다. 누구든 쉰을 넘긴 사람들에게는 거의 숭배에 가까운 태도로 깍듯하게 대했습니다. 아이들에게는 자상한 어머니처럼 부드럽게 대했습니다. 지위가 높고 유명하고 영향력 있는 사람들을 존경하는 겸손하고 소박한 사람이기도 했습니다. 친구들이나 처음 보는 사람들에게도 비행기에서 유명한 영화배우가 옆자리에 앉았었다는 얘기와 도지사의 저택으로 초대받았던 이야기를 끊임없이 해댔습니다. 그 직원은 그 이탈리아 구두를 포함해서 모든 물건을 도매가격으로 구입합니다. 시내에서 팁을 가장 적게 주는 사람으로 소문이 났습니다. 10센트라도 아낄 수 있다면 1달러짜리는 절대로 쓰지 않습니다. 다시 말해 그 직원의 허세 뒤에는 전형적인 토성의 성향이 숨어 있었던 것입니다. 이렇게 공격적이고 외향적인 염소자리도 칭찬을 들으면 귀까지 빨개지고, 자기보다 지위가 높은 사람이 나타나면 아주 수줍어하기도 합니다. 이 사람이 염소자리라는 증거가 더 필요하다면, 그 직원이 결국에는 그 도넛 체인점을 인수했다는 것도 알려 드려야겠네요. 그리고 한 가지 더 말씀드리자면, 그 멋진 판촉 전략에 자신의 돈은 투자하지 않았습니다. 당연히 다른 사람의 돈을 투자받았답니다.

전형적인 염소자리 직원은 너무 양심적이어서 흠이

될 정도입니다. 실수하거나 잘못 판단하기라도 하면 완전히 우울해집니다. 업무상 실수를 저지르면 스스로 침울해합니다. 당신이 필요로 할 때는 퇴근 후에라도 다시 회사에 돌아와서 야근을 하지만, 가족들과의 저녁 식사를 너무 자주 놓치게 만들면 별로 좋아하지 않을 것입니다. 염소자리는 가정에 대한 책임을 먼저 다한 후에 회사로 복귀할 것입니다. 직업을 자주 바꾸지도 않을 것입니다. 염소자리 직원은 일찍부터 자신의 목표를 정해 놓고 흔들림 없이 매진합니다. 자신의 미래에 대해 변덕스럽거나 결단을 못 내리는 사람도 아닙니다. 비현실적인 꿈이나 감상적인 소망으로 자신의 목표를 흐리게 하지도 않습니다. 그에게 직함은 중요하지 않습니다. 그는 명예를 추구하는 것이 아니니까요. 실질적인 파워를 가질 수 있는 지위를 추구합니다. 개인주의자들이나 위대한 이상주의자들이 밖에 나가서 나비들을 좇고 있을 때 혼자 남아서 요새를 지키고 싶어 합니다. 자신이 중요한 사람이라는 느낌이 들도록 사무실 문에 금박으로 이름을 새겨 넣을 필요도 없습니다. 하지만 적당한 기간을 두고 염소자리 직원의 책임 영역을 넓혀 주고 사회적 지위가 비슷한 사람들과 연봉이 비슷하도록 급여를 충분히 주는 것을 잊지 마세요. 염소자리 직원은 좋은 지역에서 살면서 아이들을 좋은 학교에 보내야 하고 아내는 친구들보다 더 좋은 옷을 입어야 합니다. 그러려면 비용이 제법 들겠지요. 염소자리 직원은 사회적으로 특별한 계층이 되어 녹색 지폐를 디저트로 먹기 위해서라면 질긴 가죽도, 강철 조각도, 낡은 전구까지도 기꺼이 씹어 먹을 것입니다. 자신의 가족을 제외하고는 거래 은행 담당자가 그의 가장 친한 친구일 것입니다.

염소자리 여직원도 남자 직원과 마찬가지로 산 정상을 향해 비슷한 길을 갑니다. 회사 내에서 권한을 갖는 지위까지 오르거나 아니면 사장과 결혼하기 위해 결연하게 노력할 것입니다. 둘 중에 어떤 것이든 상관없습니다. 결국 자신이 이득을 볼 수 있기만 하면 됩니다. 염소자리 여직원은 출근할 때 눈썹을 붙인다거나 달그락거리는 팔찌를 하지 않으며, 책상 앞에 앉아 몽상에 잠기는 모습도 전혀 볼 수 없을 것입니다. 염소자리 여직원은 진정한 숙녀입니다. 좀처럼 언성을 높이거나 여성들의 수다에 끼어들지도 않습니다. 누가 누구와 연애를 하고 점심 식사를 마치고 돌아오면서 누가 누구와 무슨 이야기를 했다는 둥의 화제보다 더 중요한 일들이 머릿속에 있습니다. 업무 시간이 끝나면 그런 화제에 좀 더 호기심을 보일 수도 있습니다. 토성의 여성들은 가끔 다른 사람들의 연애 이야기로 대리만족을 얻는 경우도 있지만, 업무 시간에는 절대로 남의 연애담에 빠져들지 않습니다. 사장은 언젠가 그 염소자리 여직원의 남편이 될 수도 있습니다. 공평하게 말하자면 또다른 이유가 있습니다. 모든 염소자리는 진지한 의무감이 있으며, 상사들을 존경하고 사무실에서 짓궂은 장난을 자제하게 만드는 원칙을 세워 놓고 있습니다.

당신의 염소자리 직원은 남녀 모두 업무에 충실합니다. 이들은 지각을 하거나 한심한 잡담으로 시간을 때우는 사람들을 인정하지 않습니다. 건전하지 않은 방법이나 비상식적인 절차는 용납하지 않으며, 회사 전체가 효율적으로 운영될 수 있도록 업무 체계를 개편하려고 합니다. 모든 염소자리 직원이 은행원이나 교사 또는 사서는 아닙니다. 뛰어난 연구원, 실력이 좋은 치과 의사, 탁월한 엔지니어와 건축가 등도 될 수 있으며 또한 판매, 제조 그리고 정치 쪽에서도 실력을 발휘합니다. 염소자리 중 다수가 보석 세공인, 성직자, 호텔 매니저, 장례 관리인, 미술상 또는 인류학자 등의 직업을 갖지만, 직업이 무엇이든 이들은 한결같이 진지한 태도로 일에 임합니다.

염소자리 사람들에게 예술적인 면이 있다는 것도 잊지 마세요. 당신의 염소자리 직원도 어쩌면 당신이 놀랄 만한 취미 생활을 하고 있을지 모릅니다. 주말에는 길거리에서 그림을 그려 주는 화가가 될 수도 있습니다. 실력이 아주 뛰어난 화가일 것입니다. 악기를 연주하거나 조각을 하거나, 부동산을 중개업을 하거나, 원예사, 합창단원, 또는 배우 지망생일지도 모릅니다. 문화예술 자체가 염소자리의 정신세계와 가까운 분야입니다. 대자연도 마찬가지입니다. 염소자리 직원이 정말로 사랑하는 것은 자신의 가족, 집, 일, 돈, 특권, 책, 그림 그리고 음악 등의 순서입니다. 회사의 출장 업무는 양자리, 사자자리, 쌍둥이자리 또는 사수자리에게 맡기세요. 대부분 염소자리들은 여행 가방만 봐도 경기를 일으키면서 도망갑니다. 그 정도로 심각하지는 않더라도 비행기보다는 통근 지하철을 더 선호합니다. 그리고 염소자리 직원이 자리를 비우면 누가 회사의 일을 해결하겠습니까? 지난 여름에 염소자리 직원이 휴가를 갔을 때 어떤 일이 있었는지 기억해 보세요. 사무실에 남아 있던 다른 직원이 추진해서 그 향기 나는 키보드를 50개나 주문했잖아요!

당신은 끝없는 우주입니다

바빌론까지는 얼마나 멀어요?
60마일하고도 10마일 더 가야지.
촛불만 들고 갈 수 있을까요?
물론이지, 돌아올 수도 있는 걸!
─마더구스 중에서

마더구스의 순백색 깃털을 흔들고 그 이상한 주파수에
채널을 맞추면, 지혜로운 마더구스가 비밀을 보여 줄지
도 모릅니다. 언뜻 유치하게 들리는 마더구스의 자장가
에는 숨은 보석 같은 지혜가 담겨 있을 것입니다.

바빌론이 얼마나 멀리 있냐고요? 칼레도니아의 샌
들 신은 사람들의 시대나 보석을 걸치고 향수를 뿌린 이
집트 파라오의 시대에서부터 우주 시대까지는, 혹은 사

라진 아틀란티스 대륙 시대에서부터 제트 항공기 시대인 21세기까지는 어마어마한 시간의 흐름이 있다는 것을 알겠습니다. 하지만 실제로 그 시절이 얼마나 멀리 있는 걸까요? 어쩌면 한두 번 꿈을 꾸고 나면 닿을 수 있는 거리인지도 모릅니다.

과학 분야 중에서 유일하게 천문해석학만이 그 오랜 세월 동안 온전하게 이어져 오고 있습니다. 그 세월 동안 변치 않고 우리 곁에 남아 있다는 사실에 놀랄 필요는 없습니다. 천문해석학은 진실이고, 진실은 영원하니까요. 문명이 처음 생길 때부터 마치 모든 여성들과 남성들의 목소리가 메아리치듯이 오늘날 현대에도 똑같은 말이 반복되고 있지요. "금성이 당신의 지배행성인가요?", "저는 황소자리로 태어났어요.", "당신의 수성도 쌍둥이자리인가요?", "그 사람이 물병자리인 걸 모르시겠어요?"

천문해석학은 우리에게 행성 탐험이라는 흥미로운 미래를 마련해 주는 동시에 우리를 아련한 과거와 연결해 주는 황금 끈입니다. 과거에 황당한 미래 사회에 대한 글을 쓰거나 영화를 만들었던 사람들이 사실 몽상가가 아니었음이 증명되고 있습니다. 너무나도 환상적인 영화 〈벅 로저스〉*는 모든 분야의 과학보다 진보한 이야기를 다루었으며, 이 우주에는 우리가 상상하는 것보다 훨씬 많은 것이 존재한다는 사실을 일깨워 주었습니다. 만화책 주인공이었던 딕 트레이시가 사용했던 양방향 손목 무전기는 이제 더 이상 환상이 아니라 현실이 되었지요. 문 메이드**의 가장 강력한 무기는 레이저 광선이라는 기적과 맞아떨어지면서 납을 물처럼 흐르게 하고 인간이 알고 있는 어떤 단단한 물질도 뚫을 수 있게 되었습니다. 쥘 베른Jules Verne과 플래시 고든Flash Gordon은 상당히 매력적인 예언가로 평가받고 있습니다. 바다 속 심연과 그보다 훨씬 먼 지구 위 하늘에는 중요한 비밀이 숨어 있다는 사실도 이제는 과학으로 밝혀졌지요.

공상과학 작가나 만화가가 연구실에 있는 과학자보다 과거와 현재 그리고 미래 사이의 실제적인 거리감에 대해 더 잘 알고 있는 걸까요? 아인슈타인 박사는 시간

---

* 벅 로저스(Buck Rogers): 1939년 미국에서 제작된 공상 과학 영화.
** 문 메이드(Moon Maid): 에드거 라이스 버로스의 판타지 소설 『The Moon Maid』의 주인공.

이 상대적이라는 사실을 알아냈습니다. 시인들도 항상 알고 있었고, 과거로부터 전해 내려오는 현자들도 알고 있었습니다. 그 메시지는 새로운 것이 아니었죠. 요즘처럼 천문해석학에 관심이 쏟아지기 훨씬 이전에도 플라톤, 톨레미, 히포크라테스, 그리고 콜럼버스는 천문해석학의 지혜를 존중했고 갈릴레오, 벤 프랭클린, 토머스 제퍼슨, 아이작 뉴턴, 그리고 카를 융 같은 사람들도 천문해석학을 가까이했습니다. 존 퀸시 애덤스 대통령도 그 중 한 명이며 위대한 천문학자 튀코 브라헤, 요하네스 케플러도 추가해야 합니다. RCA* 회사의 천재 연구원 존 넬슨, 그리고 퓰리처 수상에 빛나는 존 오닐 등도 있습니다. 이들 모두 고등교육을 받은 사람들이지요.

1953년 노스웨스턴 대학의 프랑크 브라운 주니어 교수는 굴을 가지고 실험을 하는 과정에서 정말 놀라운 사실을 발견했습니다. 지금까지 과학계에서는 굴이 껍데기를 열고 닫는 주기는 태어난 장소의 조수간만 주기

---

* RCA(Radio Corporation of America): 1932년 설립된 미국의 전자 기업으로 미국 내에 라디오와 텔레비전을 보급했다. 1986년 제너럴 일렉트릭(GE)에 인수되었다.

를 따른다고 추정해 왔습니다. 하지만 브라운 박사가 롱 아일랜드 해협에서 채집한 굴을 일리노이 주의 에반스턴에 있는 연구실 수조에 가져다 놓았을 때 이상한 일이 벌어졌습니다.

굴을 옮겨 놓은 곳은 항상 일정한 온도를 유지하고 늘 희미한 조명을 켜 둔 상태였습니다. 처음 2주 동안 그 옮겨진 굴은 1000마일 떨어져 있는 롱아일랜드 해협의 조수간만에 따라 껍데기를 열고 닫았습니다. 그러다 갑자기 껍데기를 굳게 닫고는 몇 시간 동안 그대로 있었습니다. 굴이 향수병으로 인해 껍데기를 닫아 버렸다고 브라운 박사 연구팀이 결론 내리려고 할 즈음 이상한 일이 생겼습니다. 굴이 다시 껍데기를 연 것입니다. 롱아일랜드 해협 밀물 시간에서 정확하게 4시간 뒤인 에반스턴 밀물 시간에, 마치 해변에 있는 굴처럼 껍데기를 열었습니다. 새로운 주기가 시작되었습니다. 자신의 리듬을 새로운 지리적 위도와 경도에 맞췄습니다. 도대체 어떤 힘이 작용했을까요? 물론 달의 힘이죠. 브라운 박사는 굴의 에너지 주기가 밀물과 썰물을 통제하는 신비한 달의 신호에 의해서 움직인다고 결론 내릴 수밖에 없었습니다.

이와 마찬가지로 인간의 에너지와 정서적 주기도 여러 행성들로부터 오는 훨씬 더 복잡한 전자기 네트워크에 영향을 받습니다. 과학계에서는 달의 인력으로 인해 바다에서 조수간만의 차가 발생하는 것으로 인식하고 있습니다. 신체의 70퍼센트가 물로 구성되어 있는 인간이 그런 강력한 행성의 인력에 영향을 받지 않을 수 있을까요? 우주 비행사들이 행성에 다가갈 때 느끼는 엄청난 전자기력의 영향은 익히 알려진 사실입니다. 달의 인력은 여성들의 월경 주기나 출산에도 영향을 미친다고 알려져 있고, 정신병원 환자들이 달의 영향을 받는다는 의사와 간호사들의 반복되는 증언도 있습니다. 보름달이 뜨는 날에는 경찰도 힘들어한다는 얘기를 들어 보셨는지요? 농사력에 나오는 조언을 무시하고 지지대를 박거나 돼지를 잡거나 작물을 심는 농부가 있을까요? 달과 행성들의 움직임은 의회에서 논의하는 세금 문제만큼이나 중요한 문제입니다.

모든 행성 중에서도 달의 인력이 가장 두드러지고 극적인데, 그것은 달이 지구에서 가장 가깝기 때문입니다. 하지만 태양을 비롯해서 금성, 화성, 수성, 목성, 토성, 천왕성, 해왕성, 명왕성도 아주 멀리서 그 영향력을 분명히 행사하고 있습니다. 과학자들은 식물과 동물이 어떤 규칙적인 주기에 영향을 받는다는 사실을 인식하고 있는데, 그 주기는 바로 공기 중에 있는 자장이나 기압의 변동 그리고 중력과 같은 힘에 의해서 결정된다고 합니다. 지구에 영향을 미치는 이러한 힘은 별의 보이지 않는 파장이 날아오는 우주에서부터 비롯됩니다. 달의 변화, 감마선·우주선·엑스선 샤워, 배 모양 전자기 파장의 맥동, 그리고 외계로부터 오는 여타의 영향력들은 우리를 둘러싸고 있는 대기권을 지속적으로 뚫고 쏟아져 내리고 있습니다. 지구상에 있는 어떤 생명체나 광물도 그것을 피할 수 없으며 우리 인간도 마찬가지입니다.

예일대 의대 해부학 박사인 해럴드 버는 복잡한 자기장이 인간의 출생 시에 어떤 패턴을 형성하는 것뿐만 아니라 사는 동안 그 패턴을 통제한다고 언급했습니다. 버 박사는 또한 인간의 중추신경계는 전자기 에너지를 매우 잘 흡수하는, 자연계에서 가장 예민한 기관이라고 말했습니다.(인간은 굴보다 좀 더 멋있게 걷기는 하지만 굴과

똑같은 진동 소리를 듣는다는 말이지요.) 또한 우리 뇌 속에 있는 세포 10만 개는 전기가 흐를 수 있는 무수히 많은 회로를 형성하고 있습니다.

그러므로 우리 몸과 뇌 속에 있는 미네랄과 화학 물질 및 전기적인 세포는 태양의 흑점, 일식 그리고 행성의 움직임에서 발생하는 모든 영향에 반응합니다. 인간도 다른 모든 살아 있는 유기체와 마찬가지로 우주의 끊임없는 밀물과 썰물에 반응합니다. 하지만 인간은 고유의 자유의지가 있기 때문에 그런 외부의 영향력에 구속될 필요는 없습니다. 다시 말해서 우리의 정신은 이러한 행성들의 영향보다 더 우위에 있다는 뜻입니다. 그러나 불행하게도 우리 대부분은 자유의지(정신의 힘이지요.)를 사용하지 못하고 있고, 우리의 운명을 미시건 호수나 옥수수자루만큼이나 제어하지 못하고 있습니다. 천문해석가의 목표는 사람들이 인생의 급류에 그냥 쓸려 다니지 않고 그 흐름에 맞서 싸우는 방법을 얻도록 도와주는 것입니다.

천문해석학은 과학인 동시에 예술입니다. 비록 많은 사람들이 그 기본적인 사실을 무시하고 싶어 하지만 결코 간과할 수 없습니다. 많은 천문해석가들은 사람들이 천문해석학과 관련한 직감만을 언급하는 것에 대해 분노하고 있습니다. 천문해석가들은 직감과의 연관성을 언급하는 말에 대해서 '천문해석학은 수학에 기초한 정확한 과학이다. 절대로 직감력과 동일선상에서 언급되어서는 안 된다.'라고 강력하게 주장합니다. 저는 그들의 의견도 진정성이 있다고 생각하지만, 왜 그 두 가지를 전혀 다른 것으로 구분해야 하는지 계속 의문이 듭니다. 오늘날에는 문외한들도 자신의 초능력을 알아보기 위해서 책이나 게임 또는 연구 실험을 시도하고 있습니다. 천문해석가라고 그러지 말아야 한다는 법은 없습니다. 육감을 가지고 있거나 개발하고 있는 소수의 사람들을 닭이 머리를 모래에 숨기듯 모른 척해야만 할까요?

천문해석학의 출생차트 계산이 수학적 데이터와 천문학적 사실에 근거한다는 점을 고려한다면 천문해석학은 정확한 과학입니다. 의학도 사실과 연구에 기초한 과학입니다. 그럼에도 불구하고 모든 훌륭한 의사들은 의학이 또한 예술이라는 점을 인정하고 있습니다. 의사들은 직감적 진단을 하는 동료들이 있다는 것을 인식하고 있습니다. 내과 의사들은 개인마다 정도의 차이는 있지만 의학적으로 입증 가능한 사실을 해석함에 있어서 그들에게 막대한 도움을 주는 예민하고 특별한 감각이 있다고 말할 것입니다. 의학적 이론을 종합하여 환자의 개인 이력과 관련된 실험 결과를 해석하는 것은 공식처럼 미리 결정되어 있지 않습니다. 의사의 직감적 통찰력이 없이는 불가능한 과정입니다. 그렇지 않다면 의학은 그냥 전산화하면 그만일 것입니다.

음악도 또한 엄격한 수학 법칙이라는 과학적 토대가 있는 분야로, 코드 진행에 대해 공부해 본 사람이라면 누구나 알고 있을 것입니다. 간주곡들은 논쟁의 여지 없이 수학적 비율에 의해 결정됩니다. 하지만 음악 역시 예술이지요. 누구나 〈월광〉이나 〈바르샤바 협주곡〉을 배울 수는 있지만 벤 클리번의 연주가 다른 사람들과 다른 것은 그 감각 또는 직감적 통찰력의 차이일 것입니다. 음표와 화음은 언제나 수학적으로 정확하게 똑같습니다. 하지만 그에 대한 해석이 다른 것이죠. 이것이 바로 과학이라는 단어의 정의와는 전혀 관계가 없는 명확한 현실입니다.

천문해석학을 남에게 가르칠 수 있을 정도로 아주 훌륭하게 공부하는 지적인 사람들도 있지만, 천문해석학이라는 과학을 예술의 경지로 끌어올릴 수 있는 감각적 해석이나 직감적 통찰력을 겸비하는 사람은 많지 않습니다. 물론 정확하고 도움이 될 만한 천문해석학 분석을 제공하기 위해 심령술사나 영매가 될 필요는 없지만, 천문해석가의 직감력은 분명히 출생차트를 종합하고 분석하는 데에 도움을 주는 자산이 됩니다. 물론 그런 직감력이 있는 천문해석가도 기본적으로 수학 계산에 능숙해야 하며 자신의 예술에 있어 과학적인 기본 사항을 엄격히 준수하는 태도가 있어야겠죠. 그런 천문해석가는 의식적인 능력과 무의식적인 능력을 잘 조합하여 사용하기 때문에, 당신은 유능하고 전문적인 천문해석가들을 두려워할 필요가 없습니다. 오히려 그런 사람을 만날 수 있다면 행운이지요. 어떤 분야에서든 예민한 통찰력을 보유한 사람은 드물답니다.

요즘에는 천문해석학의 인기가 높아지면서 갑자기 돌팔이 천문해석가들이 많이 나타났지만, 정말로 필요한 제대로 된 천문해석가와 스승은 많지 않습니다. 가까운 미래에는 천문해석가가 유수의 대학에서 '별의 과학'을 전공한 전문가로 인식될 날이 올 것입니다. 행성들이 인간의 행동에 미치는 영향에 대한 중요한 연구는, 옛날 유럽에서 그랬던 것처럼 주요 대학에서 교과목으로 가르치게 될 것입니다. 천문해석학을 가르치고 연구할 수 있는 능력이나 개인차트를 분석할 수 있는 능력이 출생 차트에 나타나는 학생들만 받게 될 것이며 그 과정은 법대나 의대만큼이나 어려울 것입니다. 자기장, 기후 조건, 생물학, 화학, 지질학, 천문학, 수학, 사회학, 비교종교학, 철학, 심리학도 공부해야 하고 천문 차트를 계산하는 방법과 해석하는 방법도 공부해야 하며 졸업생들은 천문해석가(D.A.S: Doctor of Astral Science)라는 자격을 부여받아야 간판을 걸 수 있을 것입니다.

현재의 연구 단계에서 초보자들이 천문해석학에 가장 안전하고 타당하게 접근할 수 있는 방법은 열두 개 태양별자리에 대해 완벽하게 공부하는 것이며, 이것은 마치 응급조치나 건강 상식을 공부해서 의학이론에 익숙해지는 것과 마찬가지입니다.

언젠가 인류는 천문해석학, 의학, 종교, 천체물리

학, 정신과학이 모두 하나라는 사실을 발견할 것입니다. 그 모든 것이 합쳐져야 비로소 완벽한 전체를 이루게 됩니다. 그때까지 각 분야는 조금씩의 결함을 가지고 있을 것입니다.

천문해석학에는 서로의 의견이 충돌하는 혼란스러운 부분이 있습니다. 바로 환생에 대한 의견입니다. 오늘날에는 누구나 긍정적이든 부정적이든 윤회설에 대한 의견이 있을 것입니다. 물병자리 시대로 들어가는 20세기에는 여기저기에서 점괘판이나 잔 딕슨*에 대한 이야기를 듣게 됩니다.

전문적인 천문해석가들은 윤회설 또는 카르마를 바탕에 깔고 해석하지 않으면 천문해석학은 불완전한 것이라고 믿고 있고, 저 또한 그렇습니다. 윤회설을 강하게 부인하는 사람들이, 특히 천문해석학이 상대적으로 낯선 서양에 많이 있습니다. 천문해석학을 활용하기 위해서 반드시 환생 이론을 받아들여야 하는 것은 아닙니다. 또한 전생 혼의 존재는, 아무리 논리적으로 설명하

---

* 잔 딕슨(Jeanne Dixon, 1904~1997) : 미국의 유명한 점성가이자 심령술사.

더라도 과학적으로 규명된 적이 한 번도 없습니다.(문서로 남긴 설득력 있는 정황 증거와 성경이 있기는 합니다.) 환생은 그 특성상 확실하게 손에 잡히는 증거를 영원히 확인할 수 없을지도 모릅니다. 고대인은 진화한 영혼이 끊임없이 다시 태어나는 환생 주기를 끝내려면 카르마의 진실을 추구하는 단계에 도달해야만 한다고 가르쳤습니다. 그러므로 환생을 믿는 것은, 우주에서 환생이 존재하고 있다는 것과 현생의 삶에서 그 카르마가 말하는 의무가 어떤 의미인지 찾을 수 있는 진화한 영혼에게는 선물이자 보상입니다. 그 깊은 신비가 증명되면 개개인이 스스로의 의지로 그것을 발견하기 위해 애쓸 필요가 없어지기 때문에, 영원히 증명되지 않고 각자 자신의 마음속에서 환생에 대한 답을 찾아야 하는지도 모릅니다. 하지만 스스로 찾기 위해서는, 다른 사람들이 무엇이 거짓이고 무엇이 참인지 발견해 놓은 지식을 배워야만 할 것입니다. 놀라운 예언가인 에드거 케이시에 대한 책이 호기심 많은 초심자들의 이해를 도울 만하고, 환생에 대해서는 훌륭한 책들이 많이 나와 있으니, 몇 권 골라서 본다면 여러분이 스스로 환생이 고려할 만한 가치가 있는 주제인지 아니면 단순한 사술인지 생각을 정리하는 데에 도움이 될 것입니다. 이것이 우리가 직접 찬반양론을 철저하게 조사하고 삶과 죽음에 대한 문제에 접근하는 유일한 방법일 것입니다.

현대에는 보이지 않는 영향력에 대한 관심이 새롭게 일어나고 있으며, 독심술에 대한 관심이 그 좋은 예라고 할 수 있습니다. 미국항공우주국에서는 지구와 우주 비행사 사이의 통신이 두절되는 상황에 대비하기 위해 막대한 자금을 투자하여 선별된 우주 비행사들을 대상으로 감각적 인식을 통해 메시지를 전달할 수 있는지 확인하는 초감각적 지각 실험을 진행하고 있습니다. 이런 연구 분야에서 러시아가 미국보다 훨씬 앞서 있는 것으로 전해지는데, 이것을 보면 독단적이고 물질주의적인 사고를 배제해야 하는 이유를 알 수 있습니다.

사람들 사이의 이런 보이지 않는 파장에 대한 성공적인 실험결과 덕분에 의사들도 관심을 가지게 되었습니다. 의학계는 암이나 패혈증, 인두염과 같은 질병이 정신적·감정적 긴장으로 유발된다는 사실을 오래 전부터 인정해 왔으며, 오늘날에는 환자의 성향이 암의 진전과 분명한 관계가 있다는 이론을 확립하고 있습니다. 최근 기사에서는 저명한 의사들이 정신과 의사들과의 협력을 통해 어떤 환자가 질병에 예민한지 사전에 확인해서 질병을 조기에 치료하거나 예방할 수 있도록 해야 한다는 주장이 나왔습니다. 하지만 천문해석학에서는 질병이 정신과 감정에 의해 발생하며 그러므로 정신과 감정을 통해 통제하거나 제거할 수 있다는 것을 오래 전부터 인지해 왔습니다. 또한 특정 행성의 영향을 받는 순간에 태어난 사람은 특정 질병이나 사고에 노출될 확률이 높거나 또는 반대로 면역성을 가지고 있다는 사실 또한 알고 있었습니다. 환자의 출생차트 상에 행성들의 위치와 각도를 보면 의학에서 찾는 지식을 잘 알 수 있답니다.

고고학과 인류학에서 발견한 내용에 의하면 고대 이집트에서는 천문해석가이자 의사인 사람들이 고도의 기술로 뇌수술을 했던 것으로 밝혀졌습니다. 오늘날에도 진보적인 의사들은 고대 그리스 의사들이 했던 방법을 따라 달이 이동하는 별자리를 남몰래 체크하기도 합니다. 고대 의사들은 히포크라테스 계율에 따라 '달별자리에 해당하는 신체 부위나 달이 90도 혹은 180도를 맺는 신체 부위에는 칼을 대지 않는다.'라는 내용을 실천했습니다. 의학적인 천문해석학과 그 가치에 대해서는 질병의 원인과 예방 차원에서 논의해야 할 부분이 많고 또한 워낙 방대한 주제이므로 별도의 책에서 다루어야 할 것입니다.

의학계뿐만 아니라 일부 여행사나 보험 회사, 항공사에서도 치명적인 항공기 충돌 사고가 탑승객과 승무원의 출생차트와 관계있는지 은밀하게 조사하고 있습니다. 우리는 고대의 지식으로부터 물질적 사고 방식으로 후퇴했다가 많은 시간이 흘러 다시 진실로 나아가고 있습니다. 세월이 흐르면서 행성들은 그 장엄하고 확고한 궤도를 변함없이 유지하고 있습니다. 고대 바빌론의 하늘과 베들레헴의 하늘에서 빛나던 별들은 지금도 엠파이어스테이트 빌딩 위에서 또는 동네 뒷산 하늘 위에서 여전히 빛나고 있습니다. 그 별들은 수학적으로 정확한 주기를 가지고 있고, 여전히 인간을 포함한 이 지구 위에 있는 모든 생명체에 영향을 미치고 있으며, 지구가 존재하는 동안에는 앞으로도 변함없이 그럴 것입니다.

천문해석학은 운명론이 아니라는 점을 항상 기억해 주시기 바랍니다. 별은 어떤 경향을 부여할 뿐 강요하지는 않습니다. 우리 대부분은 행성과 출생차트의 영향뿐만 아니라 주변 환경과 물려받은 유전적인 환경에도 맹목적으로 순종해야 하고 이러한 환경의 힘이 우리보다 더 강력하다고 생각하는 경향이 있습니다. 우리가 이런 모든 요소들에 대해 통찰력이 없기 때문에 저항도 하지 않는 것이죠. 그럴 때, 우리의 별자리는 마치 지문처럼 우리에게 맞아떨어집니다. 우리는 우리를 움직이는 그 힘을 경멸하든 무시하든 간에 인생이라는 체스 게임에서 말처럼 움직여집니다. 하지만 누구든 태어날 때의 환경상의 어려움은 극복할 수 있습니다. 우리의 의지력이나 정신력을 이용하여 누구든 자신의 기분을 조절하고 인성을 변화시키고 자신의 환경과 태도를 제어할 수 있습니다. 이렇게 할 수 있을 때 우리는 비로소 체스판의 말이 아니라 그 말을 움직이는 주체가 됩니다.

당신은 "나는 태어날 때부터 그런 힘이나 능력이 없어."라고 말하면서 별을 따르는 것을 주저하시는지요? 당신은 보이지도 들리지도 말하지도 못하는 자신을 극복하기 위해 심원한 내면의 의지력을 발휘했던 헬렌 켈러보다 더 많은 것을 가지고 태어났습니다. 헬렌 켈러는 자신의 출생차트 상의 어려운 요소들을 명예, 부, 존경 그리고 수많은 사람들에 대한 사랑으로 바꾸었으며, 그렇게 행성들의 영향력을 극복했습니다.

두려움 때문에 내일을 바라보지 못하시나요? 무지개에 닿기도 전에 우울함과 비관주의가 당신의 무지개를 회색빛으로 물들이나요? 미국 영화배우였던 퍼트리샤 닐은 우울함과 불안함을 강철 같은 정신력으로 탈바꿈시켰습니다. 그녀는 비극 앞에서도 미소를 보였고 그 미소는 치명적인 마비 증상까지도 날려 버릴 만큼 충분한 감정적인 에너지를 발산해서 의사들도 깜짝 놀라게 만들었지요.

신문 지상에서 떠들어 대는 것처럼 미국이 냉전 시대, 국민적 혹은 국제적 몰이해, 범죄율 증가, 불평등, 편견, 도덕적 해이, 윤리 상실, 그리고 어쩌면 핵폭발로 곧 사라질 위기에 처해 있다고 걱정하고 계시나요? 윈스턴 처칠도 개인적으로 그리고 국가적으로 패배에 직면한 적이 있었죠. 하지만 그는 눈을 반짝거리면서 강철 같은 의지를 품고 마음속으로 기도를 했습니다. 이 세 가지로 그는 한 사람의 용기가 수많은 사람들에게 맹목적인 낙관주의와 굳건한 힘을 일깨워 주는 기적을 일구어 냈습니다. 결과적으로 그런 파장은 공포를 녹여 버리고 세상에 영감을 주었으며 승리를 이끌어 냈습니다. 처칠은 자신과 자신의 국가가 체스판의 말이 되기를 거부하였던 것입니다.

그런 사람들은 특별한 경우라고 생각하시나요? 당신도 기적을 만들어 낼 수 있습니다. 누구나 할 수 있습니다. 당신에게도 강력한 행성들의 전자기력에 대한 면역력을 기를 수 있는 충분한 힘이 있습니다. 그럼에도 불구하고 너무 쉽게 포기해 버리고 당신의 잠재력을 깨닫지 못한다면 정말 안타까운 일이지요.

증오와 두려움을 정복하고 나면 우리의 의지는 자유로워지고 엄청난 힘을 발휘할 수 있게 됩니다. 이것이 바로 말 없는 별들에 담겨 있는 당신 출생의 메시지입니다. 그러니 귀를 기울여 보세요.

어떤 고대 전설에서는 힘과 주술적 비밀을 알고 싶어서 현명한 마술사를 찾아가는 남자의 이야기가 있습니다. 마술사는 그를 맑은 호숫가로 데리고 가서 무릎을 꿇게 했지요. 그러자 그 현명한 마술사는 사라져 버리고 혼자 남겨진 그 남자는 물 속에 비친 자기 모습을 보게 되었습니다.

"내가 하는 것을 그대도 할 수 있다.", "구하라, 그러면 얻을 것이다.", "두드려라, 그러면 열릴 것이다.", "진실을 추구하라, 진실이 너희를 자유롭게 하리라."

바빌론까지는 얼마나 멀어요?
60마일하고도 10마일 더 가야지.
촛불만 들고 갈 수 있을까요?
물론이지, 돌아올 수도 있는 걸!

이것은 시일까요 아니면 수수께끼일까요? 이 우주 속에 있는 모든 것은 우주 법칙의 일부이며 천문해석학은 그 법칙의 기본입니다. 천문해석학에서 종교와 의학, 천문학이 생겨난 것이지 그 반대가 아닙니다.

고대 그리스의 도시였던 테베에는 열두 별자리가 조각되어 있는데 아주 오래된 것이라 정확한 기원은 알 수 없습니다. 아틀란티스일지도 모릅니다. 하지만 그 상징들을 어디서 가져왔고 누가 새겼든 간에 그 메시지는 영원합니다. '당신은 끝없는 우주입니다.' 그리고 아직까지 하나의 별밖에 보지 못했답니다.